世界大学城

轻松跨进世界名校 上册

木鱼 编著

光明日报出版社

图书在版编目（CIP）数据

世界大学城：轻松跨进世界名校. 上册 / 木鱼编著.
北京：光明日报出版社, 2024.6. -- ISBN 978-7-5194-8031-8

Ⅰ. G649.1

中国国家版本馆 CIP 数据核字第 2024H4Q041 号

世界大学城：轻松跨进世界名校·上册

SHIJIE DAXUE CHENG: QINGSONG KUA JIN SHIJIE MING XIAO · SHANG CE

编　　著：木　鱼	
责任编辑：徐　蔚	责任校对：孙　展
特约编辑：何江铭　赵燚明	责任印制：曹　净
封面设计：于沧海	

出版发行：光明日报出版社
地　　址：北京市西城区永安路 106 号，100050
电　　话：010-63169890（咨询），010-63131930（邮购）
传　　真：010-63131930
网　　址：http://book.gmw.cn
E - mail：gmrbcbs@gmw.cn
法律顾问：北京市兰台律师事务所龚柳方律师
印　　刷：天津睿和印艺科技有限公司
装　　订：天津睿和印艺科技有限公司
本书如有破损、缺页、装订错误，请与本社联系调换，电话：010-63131930

开　　本：200mm×260mm	印　张：22.5
字　　数：617 千字	
版　　次：2024 年 6 月第 1 版	
印　　次：2024 年 6 月第 1 次印刷	
书　　号：ISBN 978-7-5194-8031-8	
定　　价：176.00 元（全 2 册）	

版权所有　翻印必究

目录 CONTENTS

第 1—20 名 [1]

麻省理工学院 | 2

剑桥大学 | 5

牛津大学 | 8

哈佛大学 | 11

斯坦福大学 | 14

帝国理工学院 | 17

苏黎世联邦理工学院 | 20

新加坡国立大学 | 23

伦敦大学学院 | 26

加利福尼亚大学
伯克利分校 | 29

芝加哥大学 | 32

宾夕法尼亚大学 | 35

康奈尔大学 | 39

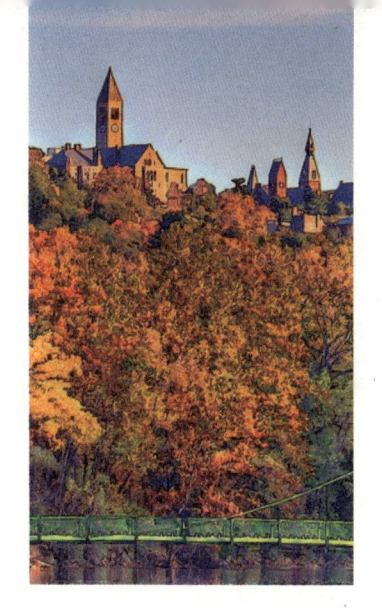

墨尔本大学 | 42

加州理工学院 | 45

耶鲁大学 | 48

北京大学 | 51

普林斯顿大学 | 54

新南威尔士大学 | 57

悉尼大学 | 60

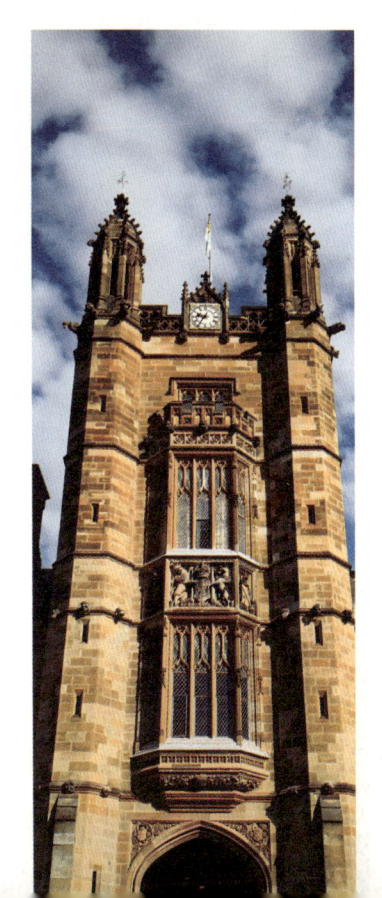

[1] 本书排名依据 2024 年 QS 世界大学排名。

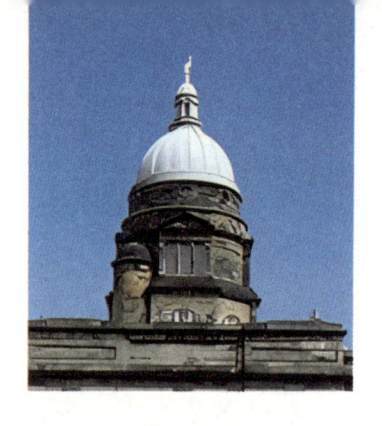

第 21—40 名

多伦多大学 | 64
爱丁堡大学 | 67
哥伦比亚大学 | 70
巴黎文理研究大学 | 73
清华大学 | 76
南洋理工大学 | 78
香港大学 | 81
约翰斯·霍普金斯大学 | 84
东京大学 | 87
加利福尼亚大学洛杉矶分校 | 90
麦吉尔大学 | 93
曼彻斯特大学 | 96
密歇根大学 | 99
澳大利亚国立大学 | 102
不列颠哥伦比亚大学 | 105
洛桑联邦理工学院 | 108
慕尼黑工业大学 | 111
巴黎理工学院 | 114
纽约大学 | 117
伦敦国王学院 | 120

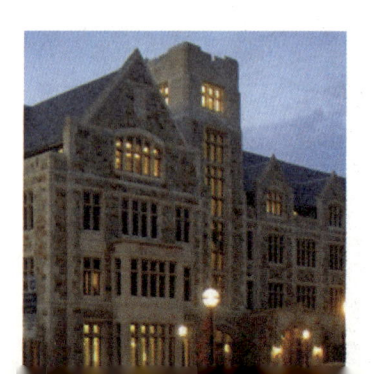

第 41—60 名

首尔大学 | 124
蒙纳士大学 | 127
昆士兰大学 | 130
浙江大学 | 133
伦敦政治经济学院 | 136
京都大学 | 139
代尔夫特理工大学 | 141
西北大学 | 144
香港中文大学 | 147
复旦大学 | 149
上海交通大学 | 152
卡内基梅隆大学 | 155

阿姆斯特丹大学 | 158
路德维希 - 马克西米利安 - 慕尼黑大学 | 161
布里斯托大学 | 164
韩国科学技术院 | 167
杜克大学 | 169
得克萨斯大学奥斯汀分校 | 172
巴黎索邦大学 | 174
香港科技大学 | 177

第1—20名

麻省理工学院
剑桥大学
牛津大学
哈佛大学
斯坦福大学
帝国理工学院
苏黎世联邦理工学院
新加坡国立大学
伦敦大学学院
加利福尼亚大学伯克利分校
芝加哥大学
宾夕法尼亚大学
康奈尔大学
墨尔本大学
加州理工学院
耶鲁大学
北京大学
普林斯顿大学
新南威尔士大学
悉尼大学

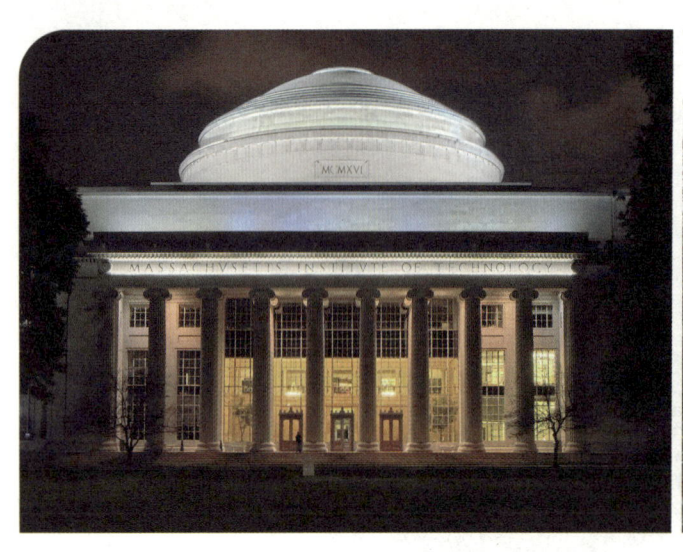

麻省理工学院
Massachusetts Institute of Technology

校训：Mens et Manus （理论与实践并重）

学校信息

学校简称：麻省理工（MIT）

建校时间：1861 年

学校性质：私立研究型

学校特色：美国大学协会成员、全球大学校长论坛成员

地理位置：美国马萨诸塞州剑桥市

历史沿革

1861 年：自然科学家威廉·巴顿·罗杰斯创立

1865 年：迎来第一批学生

1916 年：从波士顿迁往马萨诸塞州剑桥市

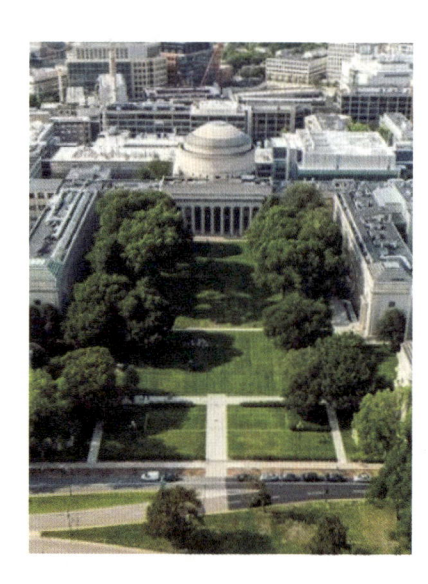

文化长廊

科技前沿

麻省理工学院拥有世界一流的研究设施和实验室，致力于在各种领域开展前沿科研项目，涵盖了从人工智能、生物技术、能源到航空航天等多个领域，擅长将科学研究成果转化为实际应用，培育了众多创业家和科技企业家，同时也与全球各大公司和机构保持密切合作关系。

知名校友

- **蒂姆·伯纳斯-李（Tim Berners-Lee）**：万维网（World Wide Web）的发明者，麻省理工学院计算机科学及人工智能实验室创办主席及高级研究员。
- **钱学森**：中国"两弹一星"事业奠基人，中国科学院及工程院院士，"两弹一星"功勋奖章获得者，1936年获麻省理工学院硕士学位。
- **奥利弗·伊顿·威廉姆森（Oliver Eaton Williamson）**："新制度经济学"的命名者，美国国家科学院院士，2009年诺贝尔经济学奖获得者之一，1955年获得麻省理工学院管理学学士学位。

名校风采

特色活动，在趣味中学习

Hack MIT：一年一度的全球性编程马拉松活动，会吸引来自世界各地的学生和程序员参加，用创新的编程技能解决现实世界的问题。

MIT Mystery Hunt：MIT学生组织的传统解谜游戏，通过寻找线索和解决谜题来激发参与者的智力和团队合作精神。

MIT Tech Fair：展示最新科技和创新产品的展览活动，有各行各业的公司和组织参展，为学生提供了与行业领袖和专家交流的机会。

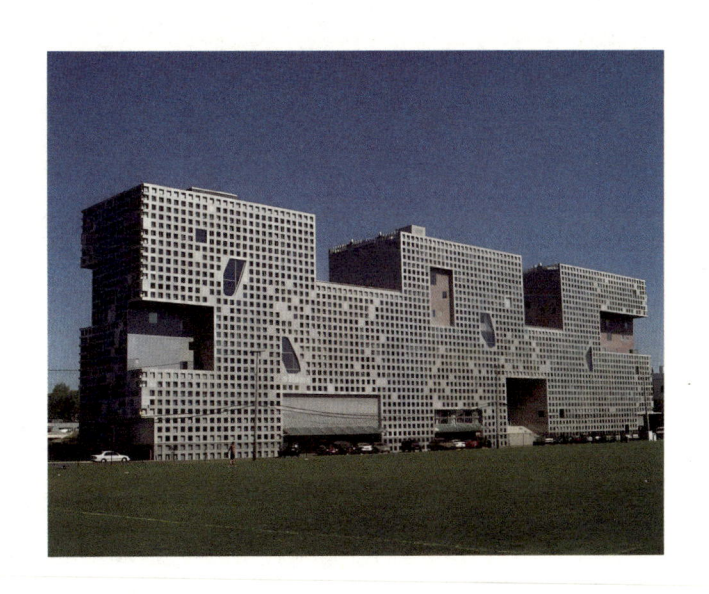

第 1—20 名

专业聚焦

王牌专业

工程学、计算机科学、数学与应用数学、经济学、物理学、生物科学与生物工程、管理学等是麻省理工学院最出色的专业。

麻省理工学院的工程学院是最知名、申请人最多和最"难读"的学院之一，并曾连续七届获得美国工科研究生课程冠军，以电子工程专业名气最强，其后是机械工程。

麻省理工斯隆商学院是美国著名的"魔术七大"（M7）顶级商学院成员之一，以创业课程和创业文化著称。

入学要求①

本科申请

申请者高中毕业，并提供高中成绩单、TOEFL（托福）成绩或IELTS（雅思）成绩、SAT（Scholastic Assessment Test，学术能力评估考试）成绩。

硕士申请

申请者需要本科毕业并取得学士学位，并提供大学GPA（Grade Point Average，平均学分绩点）、TOEFL或IELTS成绩、GRE（Graduate Record Examination，美国研究生入学考试）成绩或GMAT（Graduate Management Admission Test，经企管理研究生入学考试）成绩。

① 大学入学要求每年会有变化，本书入学要求版块仅供参考。

第 1—20 名

剑桥大学
University of Cambridge

校训：Hinc lucem et pocula sacra

（此地乃启蒙之所和智慧之源）

学校信息

学校简称：剑桥

建校时间：1209 年

学校性质：公立研究型

学校特色：金三角名校、G5 超级精英大学

地理位置：英国英格兰剑桥市

历史沿革

1209 年：
牛津大学的学者在剑桥建立学府

1233 年：
教皇格雷戈尔九世给予剑桥大学"校长及大学学者"保护的确认

1284 年：
建立第一所学院——彼得豪斯学院

1536 年：
亨利八世下令学校解雇研究天主教教规的教授，并停止教授"经院哲学"

文化长廊

历史悠久，馆藏丰富

剑桥大学内设8座文理博物馆、藏书1500万册的图书馆系统及全球最古老的出版社之一——剑桥大学出版社。

知名校友

- **查尔斯·罗伯特·达尔文（Charles Robert Darwin）**：被誉为"现代生物学之父"，代表作是《物种起源》，提出生物进化论学说。
- **艾伦·麦席森·图灵（Alan Mathison Turing）**：英国数学家和计算机科学家，被誉为"计算机科学之父"。
- **艾萨克·牛顿（Isaac Newton）**：英国物理学家、数学家和天文学家。

名校风采

学院独立，支撑个性化教育

通识教育与表达能力是剑桥学院制下学生最能受益的两点。剑桥是一个学院制的大学，各个学院具有对自身的绝对话语权，各学院与学校属于平级关系。任何一个学院都包含了众多专业的学生。剑桥的学生朋友圈子并不以学习科目相同来划分，不同专业的学生融为一体，共同对学术进行探索。 剑桥的学院制又提供了通识学习的环境，让学生有机会去学些喜欢的，或者本来值得了解的，但又不会在本专业中学到的知识。

专业聚焦

世界排名前10的专业

人类学、解剖学和生理学、考古、建筑、生物科学、商业和管理研究、化学、计算机科学与信息系统、土木结构工程、电气电子工程、英语语言与文学、法学、医学、数学、物理学与天文学。

第1—20名

入学要求

本科申请

申请者若以中国高考成绩申请，则要求高考成绩达到全省前0.1%；申请者也可以凭借IB（International Baccalaureate Diploma Program，国际预科证书课程）成绩或A-Level（General Certificate of Education Advanced Level，英国高中课程）成绩申请。上述申请方式均需要申请者提供TOEFL或IELTS成绩。

硕士申请

申请者是正规大学本科毕业并取得学士学位，并提供大学GPA、TOEFL或IELTS成绩。

牛津大学
University of Oxford

校训：Dominus Illuminatio Mea

（上主乃吾光）

学校信息

学校简称：牛津

建校时间：不可考，最早授课时间为1096年

学校性质：公立研究型

学校特色：金三角名校、G5超级精英大学

地理位置：英国英格兰牛津

历史沿革

1096年： 有人在牛津讲学

1167年： 从巴黎大学返回的学者聚集在牛津从事教学研究，是牛津大学的前身

1201年： 牛津有了第一任校长

1571年： 法案确定牛津大学的身份

文化长廊

追求卓越

牛津大学前校长安德鲁·汉密尔顿（Andrew D. Hamilton）提出大学精神的核心有两点：第一是在每件事情上对卓越的追求，第二是自由而公开的辩论。

知名校友

- 亚当·斯密（Adam Smith）：经济学的主要创立者，所著的《国富论》为现代经济学的发展奠定了基础。
- 珀西·比希·雪莱（Percy Bysshe Shelley）：英国浪漫主义诗人，被认为是历史上最出色的英语诗人之一，更被誉为"诗人中的诗人"。

名校风采

"搞破坏"，释放压力

在牛津大学，有一个叫作"搞破坏（trashing）"的传统活动。在每年的学期末考试之后，牛津大学的学生们一走出考场，在外面等候已久的朋友们会用面粉、彩带朝他们"攻击"，开启期末狂欢。

书店星罗棋布

牛津的书店有100多个，其中包括世界上最大的学术性书店之一——布莱克威尔书店，也包括许多虽小但内蕴丰富的旧书店。百年老店布莱克威尔创建于1897年，位于博德林图书馆的对面，在销售图书的同时还从事出版事业。1994年6月8日美国总统克林顿回母校牛津大学参加荣誉院士的授予仪式时，还特地到这家书店买书。

专业聚焦

优势专业

牛津大学作为世界顶尖学府之一，其优势专业众多，涵盖了人文社会科学、自然科学，以及医学等多个领域，如哲学、神学、语言学、英语语言文学、法学、数学、物理、医学等。

入学要求

本科申请

申请者需要提供A-Level或IB成绩、TOEFL或IELTS成绩。

硕士申请

申请者需要提供本科成绩单、语言成绩单、荣誉证明、推荐信、个人简历、研究计划等材料。牛津大学部分专业还需要提交GRE或GMAT成绩。

哈佛大学
Harvard University

校训：Amicus Plato, Amicus Aristotle,
Sed Magis Amicus VERITAS

（与柏拉图为友，与亚里士多德为友，更要与真理为友）

学校信息

- 学校简称：哈佛
- 建校时间：1636 年
- 学校性质：私立研究型
- 学校特色：常春藤联盟成员
- 地理位置：美国马萨诸塞州剑桥市

历史沿革

- 1636 年：新学院建立
- 1639 年：学校更名为哈佛学院
- 1721 年：学院正式设立神学教授职位
- 1780 年：哈佛学院扩建、更名为哈佛大学
- 1829 年：昆西出任哈佛大学校长，大力提倡重视理科教学
- 1869—1909 年：查尔斯·威廉·艾略特（Charles William Eliot）担任校长，从根本上使哈佛蜕变为现代研究型大学
- 1945 年：哈佛改变招生政策，学生种类多元化
- 2022 年：入选英国政府"高潜力人才签证计划"

第 1—20 名

文化长廊

文化多元，海纳百川

哈佛大学的文化深厚且多元，它融合了学术严谨、历史传统、创新精神和国际视野。哈佛大学的校徽为传统盾形，寓意坚守与捍卫，主体以三本书为背景，两本面向上，一本面向下，象征着理性与启示之间的动力关系，字母"VERITAS"在拉丁文中意为"真理"。

知名校友

- **林语堂**：中国现代著名作家、学者、翻译家、语言学家。曾留学美国，获哈佛大学文学硕士学位。
- **陈寅恪**：中国现代历史学家、古典文学研究家、语言学家、诗人。曾在哈佛大学学习语言文字学。
- **拉尔夫·沃尔多·爱默生（Ralph Waldo Emerson）**：美国思想家、文学家、诗人，代表作品有《论自然》《美国学者》。

名校风采

体育活动无处不在

哈佛大学体育活动多种多样，包括俱乐部运动、校内运动、场馆健身、舞蹈社团，以及在草地上或宿舍楼的庭院里自发组织的足球和棒球式足球。学生并没有被要求去上体育课，但时时刻刻被丰富多彩的体育活动包围。

建筑风格变化多样

哈佛大学的建筑风格多样，包括哥特式、罗曼式、现代主义等多种风格。其中，最具代表性的建筑之一是图书馆。图书馆采用了哥特式风格，拥有壮观的塔楼和尖拱窗，展示了中世纪欧洲的建筑特色。哈佛大学的建筑在细节和装饰上也非常讲究。建筑的外观常常装饰有精美的雕刻和壁画，内部则设有华丽的装饰和艺术品，为校园增添了浓厚的艺术氛围。

专业聚焦

优势学科

哈佛大学在生命科学、自然科学、法学、医学、商学、社会学等多个学科领域拥有世界级的学术影响力。

入学要求

本科申请

申请者需要具备高中以上学历，并且高中阶段学习成绩优秀。还需提供TOEFL或IELTS成绩、SAT或ACT（American College Test，美国大学入学考试）成绩。

硕士申请

申请者是正规大学本科毕业并取得学士学位，本科GPA符合申请专业要求。还需提供TOEFL或IELTS成绩、GRE成绩。

斯坦福大学
Stanford University

校训：Die luft der Freiheit weht

（自由之风永远吹拂）

学校信息

学校简称： 斯坦福

建校时间： 1891年

学校性质： 私立研究型

学校特色： 全球大学高研院联盟成员

地理位置： 美国加利福尼亚州帕洛阿托市

历史沿革

1891年： 斯坦福大学举行开学典礼

1917年： 成立学校教育机构

1925年： 商学院开始招生

1951年： 创办工业园区，工业园区即为后来的硅谷

1948年： 生物科学学院、人文学院、物理科学学院和社会科学学院合并为人文与自然科学学院

1965年： 计算机科学系成立

1991年： 百年校庆

2022年： 入选英国政府"高潜力人才签证计划"

文化长廊

硅谷的诞生

1951年，斯坦福大学的工程学院院长弗雷德里克·特曼（Frederick Terman）决定在校园创办工业园区，将校园的土地租给当时的高科技公司使用，这成了斯坦福大学的转折点。工业园区发展为美国加州科技尖端、人才高地的"硅谷"。随着美国西海岸高科技带的兴起，多个电脑公司，包括微软也在这里安营扎寨，从此斯坦福大学成了硅谷的核心和全世界科技创新的中心。

知名校友

▸ 萨莉·莱德（Sally Ride）：美国进入太空的第一名女宇航员，1978年获斯坦福大学物理学博士学位。

▸ 戴维·帕卡德（Dave Packard）：惠普（HP）创始人之一，曾就读于斯坦福大学电机工程系。

▸ 克瑞格·贝瑞特（Craig R. Barrett）：1997年成为英特尔总裁，曾获斯坦福大学科学学士、科学硕士、材料科学博士。

名校风采

校友多大佬，创业赢在起跑线

许多知名企业如谷歌、亚马逊和惠普等，都是由斯坦福大学的校友创办的。斯坦福大学本身也非常注重培养学生的创新精神和创业能力，设立了多个创业中心和孵化器，为有梦想的学生提供支持和指导。

专业聚焦

优势专业

计算机科学，商科，工程学，人文社会科学（政治学、经济学、国际关系、社会学、心理学）。

第 1—20 名

入学要求

本科申请

申请者需要高中毕业或完成相应学历教育；语言成绩没有明确的分数要求，建议提交TOEFL成绩，斯坦福大学不接受IELTS成绩。

硕士申请

申请者是正规大学本科毕业并取得学士学位，还需提交TOEFL成绩。部分专业需要提交其他考试成绩。

第 1—20 名

帝国理工学院
Imperial College London

校训：Scientia imperii decus et tutamen （知识是国家的荣光与庇佑）

学校信息

学校简称：帝国理工

建校时间：1907 年

学校性质：公立研究型

学校特色：罗素大学集团成员、G5 超级精英大学

地理位置：英国英格兰伦敦

历史沿革

1907 年：
皇家科学院、大英帝国研究院、皇家矿业学院和伦敦城市与行会学院合并组成帝国理工学院

1988 年：
圣玛丽医院医学院并入帝国理工

1995 年：
国家心脏和肺学会并入帝国理工

2000 年：
兼并肯尼迪风湿病学学会和崴学院

1997 年：
查令十字和威斯敏斯特学校并入帝国理工；帝国理工医学院兼并皇家研究生医学院、皇家妇产科学会

2005 年：
合并物理科学院和生命科学院组成自然科学院

2007 年：
学院成立 100 周年，正式脱离伦敦大学，成为一所独立的大学

17

文化长廊

实用主义，卓越追求

帝国理工学院的办学理念是"实用主义"和"卓越追求"。实用主义代表了学院对社会需求的回应，强调将理论与实践结合，注重培养学生的实际应用能力。卓越追求则代表了学院对教学与科研的高标准要求，追求学术卓越，致力于在科学与技术领域取得突破性成果。

知名校友

- **黄纬禄**：中国"两弹一星"元勋，中国科学院院士，国际宇航科学院院士。
- **王大珩**：中国"两弹一星"元勋，光学专家，中国科学院院士。
- **梁百先**：空间物理学家，中国电离层电波传播与空间物理研究领域开拓者与奠基人之一。

名校风采

女王塔里有大钟

南肯辛顿校区内的女王塔是帝国理工学院的标志性建筑，是从前帝国研究院唯一保留下来的建筑物。塔里悬挂的10口大钟，是1982年来自澳大利亚的礼物，以王室成员名字命名。有重要王室成员生日或其他王室纪念日时，大钟都会敲响。

专业聚焦

优势专业

工程类：航空航天工程、电子工程、机械工程、土木工程。

医学类：临床医学、生物医学工程。

物理科学和数学：物理学、化学、数学。

入学要求

本科申请

申请者需要高中毕业且高中阶段学习成绩优秀，还需提供A-Level或IB成绩、TOEFL或IELTS成绩。部分专业需要参加笔试。

硕士申请

申请者需要拥有与英国大学本科二等一级相当的学士学位，并且提供英语能力证明、推荐信、个人陈述、个人简历等材料。

苏黎世联邦理工学院
Eidgenössische Technische Hochschule Zürich

学校信息

- 学校简称：ETH
- 建校时间：1854 年
- 学校性质：公立大学
- 学校特色：欧陆第一名校
- 地理位置：瑞士苏黎世州苏黎世

ETH zürich

历史沿革

1854 年： 成立苏黎世理工学院

1905—1908 年： 瑞士总统促使该校改组为大学，并有权授予博士学位

1911 年： 被赋予现在的名称 Eidgenössische Technische Hochschule Zürich

文化长廊

创新与知识的中心

苏黎世联邦理工学院的创始人将其打造成创新和知识中心。对于学生们来说，这里拥有独立思考的理想环境；对于研究人员来说，这里有激发创新的开放氛围。基础研究是整个学校成功的基础，学校将在所有战略行动领域加强跨学科合作，从而促进研究成果转化为现实世界的应用和教学。

知名校友

▸ **汤德全**：动力机械工程、矿山机电工程专家，中国工程院院士，煤炭科学研究总院高级工程师。

▸ **约翰·冯·诺伊曼**（John von Neumann）：化学家、物理学家、计算机科学家，美国国家科学院院士。

▸ **阿尔伯特·爱因斯坦**（Albert Einstein）：在物理学的三个不同领域（布朗运动和分子实在性、光量子论、狭义相对论）做出了有划时代意义的贡献。

名校风采

特色活动

年度舞会Polyball：Polyball是苏黎世联邦理工学院的一项传统年度活动，始于19世纪60年代。这项舞会不仅是该校最隆重的年度活动，更是欧洲最大的舞会之一，吸引了大量师生和校外人士参与。

师生划艇比赛：苏黎世联邦理工学院与相邻的苏黎世大学每年在市中心的利马特河上举行师生划艇比赛。自1951年起，这项比赛已成为两校之间的传统赛事，比赛会吸引全市公众观看，已经成为苏黎世市一项重要的文化体育活动。

专业聚焦

优势专业

工程科学类、建筑学、物理、化学、生物、数学。

入学要求

本科申请

申请者需要高中毕业。如果已经取得中国大学相关专业的本科录取通知书，则需要通过苏黎世联邦理工学院的小录取考试；若申请者没有中国相关专业的大学录取通知书，则必须通过苏黎世联邦理工学院的大录取考试。母语非德语的申请者需要提供语言能力证书。

硕士申请

申请者需要获得学士学位，并且根据申请专业提交所需材料，例如个人简历、推荐信、GRE成绩等。

新加坡国立大学
National University of Singapore

学校信息

学校简称： 国大（NUS）

建校时间： 1980 年

学校性质： 公立大学

学校特色： 亚洲大学联盟、亚太国际教育协会、国际研究型大学联盟、Universitas 21 大学联盟、环太平洋大学协会成员

地理位置： 新加坡

历史沿革

1980 年： 新加坡大学与南洋大学合并，成立新加坡国立大学

1996 年： 推出"才能发展计划"

2005 年： 同亚、澳、欧、美四大洲的 9 所顶尖研究型大学签署协议，成立国际研究型大学国际联盟（International Alliance of Research Universities）

2010 年： 在中国开设第一所研究院——新加坡国立大学苏州研究院

2022 年： 入选英国政府"高潜力人才签证计划"

文化长廊

文理工医，综合发展

新加坡国立大学前身为1905年成立的海峡殖民地与马来亚联邦政府医学院，经过百余年的发展，现已成为一所综合性研究大学。学校设有丰富多样的专业课程，包括人文和社会科学、理学、工学、商学、法学、建筑学、电脑学等，以及独具特色的杨潞龄医学院和杨秀桃音乐学院。

知名校友

- **蔡南海**：新加坡植物分子生物学家，美国洛克菲勒大学终身教授。
- **杜进才**：新加坡前副总理、政治元老。
- **倪亦靖**：新加坡裔教授，国际机械工程和制造业领域著名专家，新加坡国家科学院院士。

名校风采

缤纷多彩，尽享校园生活

新加坡国立大学有60多个学生组织，以及隶属于国大艺术中心，由本科生与校友组成的23个文化艺术团体，横跨音乐、舞蹈、戏剧、视觉艺术及电影制作多个领域。在体育方面，国大全年为学生举办70多项体育竞赛及休闲活动。在这里，学生们能够尽享缤纷多彩的校园活动。

依山而建，绿树成荫

新加坡国立大学位于新加坡本岛西南部的肯特岗，地形以丘陵为主，建筑依山而建，与周围的自然环境和谐共存。校园内绿树成荫，花园错落有致，湖泊和草坪等景观为师生提供了一个舒适和放松的学习与工作环境。

专业聚焦

优势专业

建筑与建筑环境、语言学、艺术史、化学、土木与结构、计算机与信息系统、数据科学与人工智能、电子电气、地理学。

入学要求

本科申请

申请者若以高考成绩申请，则需要超过当地一本大学录取分数线100分以上；也可以到新加坡参加A-Level考试，以考试成绩申请。以上申请方式均需要提供TOEFL或IELTS成绩。

硕士申请

申请者需要获得学士学位，并且提供大学成绩单、TOEFL或IELTS成绩、个人陈述、推荐信等材料。

伦敦大学学院
London's Global University

校训：Cuncti adsint meritaeque expectent praemia palmae （让一切努力赢得桂冠）

学校信息

- **学校简称**：UCL
- **建校时间**：1826 年
- **学校性质**：公立研究型
- **学校特色**：G5 超级精英大学、罗素大学集团成员
- **地理位置**：英国英格兰伦敦

历史沿革

1826 年：以"伦敦大学"（London University）之名面世

1836 年：伦敦大学学院（时称"伦敦大学"）与随后成立的伦敦国王学院（King's College London）合并组建了新的伦敦大学（University of London），并更名为伦敦大学学院（University College London）

1986—1999 年：合并伦敦众多医学科研机构

2016 年：和北京大学在京签署 MBA 合作办学联合声明

文化长廊

启蒙思想，鼓励进步

伦敦大学学院是欧洲启蒙运动的产物，创立的初衷是希望抛弃教会学院的陈规旧制，倡导理性主义与教育平权。自从1826年创建起，伦敦大学学院就以开放的姿态，对世界不分种族、不分肤色和信仰进行招生。同时伦敦大学学院鼓励独立学者的进步，进一步推动科学的进步及社会的前进。

知名校友

- **高锟**：物理学家，教育家，光纤通信、电机工程专家，被誉为"光纤之父"。
- **克里斯托弗·诺兰（Christopher Nolan）**：著名导演，代表作有《盗梦空间》《星际穿越》等。
- **拉宾德拉纳特·泰戈尔（Rabindranath Tagore）**：诗人、哲学家、文学家，第一位获得诺贝尔文学奖的亚洲人。代表作有《飞鸟集》《园丁集》《新月集》等。

名校风采

地处伦敦，得天独厚

伦敦大学学院位于伦敦一区，伦敦是英国和欧洲的文化、金融、政治、法律、知识信息中心。除本校的图书馆之外，学生还能同时享有伦敦大学图书馆、大英图书馆和其他无以计数的图书馆或其他专门图书馆的使用权；很多学术协会和职业协会均在伦敦设总部或分支机构，并定期组织学术活动，使得学生可以随时接触最新的学术信息；伦敦的各种博物馆为学生研究提供了实物参照，也为学生参与研究创造了良好的机会。

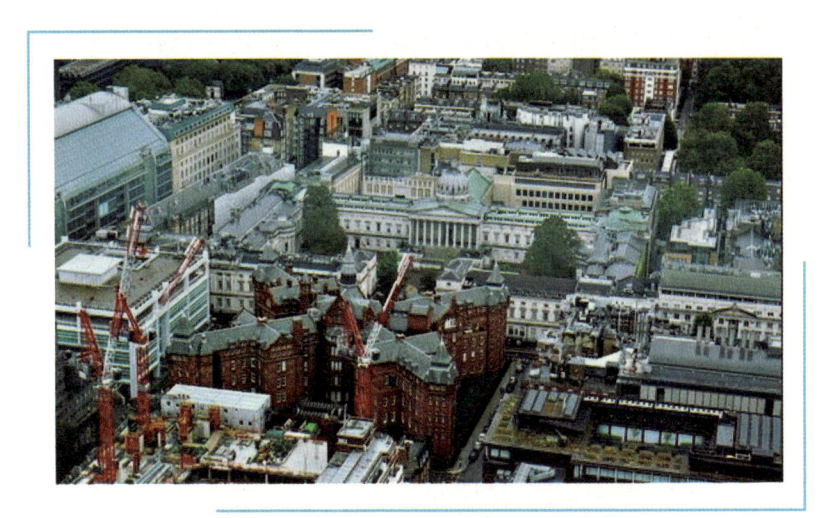

专业聚焦

强势专业

法学、建造学、经济学、人类学、考古学、经典和古代历史、英语、统计学。

入学要求

本科申请

申请者需要提供高中成绩单、高中毕业证、IELTS 或 TOEFL 成绩单、A-Level 或 IB 成绩单等材料。具体要求可能会根据专业有所不同。

硕士申请

申请者需要提供本科学历证明、IELTS 或 TOEFL 成绩单、本科成绩单、个人陈述、推荐信等材料。具体要求可能会根据专业有所不同。

第 1—20 名

加利福尼亚大学伯克利分校
University of California, Berkeley

校训：Fiat Lux （愿知识之光普照大地）

学校信息

- 学校简称：伯克利（UC Berkeley）
- 建校时间：1868 年
- 学校性质：公立研究型
- 学校特色：美国大学协会创始会员
- 地理位置：美国加利福尼亚州伯克利市

历史沿革

- 1868 年：加利福尼亚大学成立
- 1869 年：开始招生
- 1873 年：迁入伯克利市
- 1952 年：加州大学成为独立的个体，从伯克利校园内分离

文化长廊

兼收并蓄，自由开放

加利福尼亚大学伯克利分校在建校之初，就采取兼收并蓄、自由开放的方针，容天下贤士于一堂，沿着将大学建成为世界一流大学的思路大力发展。在19世纪80年代初，学校便以初具规模的学科设置和崭新的综合性大学形象屹立于美国高等学府之林。

知名校友

- 庄小威：著名生物物理学家，美国国家科学院院士，美国艺术与科学院院士。
- 约翰·格利菲斯·伦敦（John Griffith London）：现实主义作家，代表作有《铁蹄》《狼的儿子》《野性的呼唤》等。
- 尤利乌斯·罗伯特·奥本海默（Julius Robert Oppenheimer）：物理学家，美国国家科学院院士，曾任教于加利福尼亚大学伯克利分校。

名校风采

研究发明举世瞩目

伯克利的教授、研究人员、学生和校友领导了曼哈顿计划，建造了第一枚原子弹和第一枚氢弹；发明了激光、回旋加速器、气泡室、PCR技术、预应力、鼠标、UNIX系统、RSA加密法等；创造了BSD；发现了暗能量、至少16种化学元素、重氢"氘"、碳14、维生素E、链霉素等。

专业聚焦

优势专业

化学、英语、数学、政治学、艺术史、音乐、机械工程、物理学等。

入学要求

本科申请

申请者需要提供高中毕业证、高中成绩单、TOEFL 或 IELTS 成绩。

硕士申请

申请者需要获得学士学位，并提供大学成绩单、TOEFL 或 IELTS 成绩。部分专业需要提供 GRE 成绩。

芝加哥大学
The University of Chicago

校训：Crescat scientia, vita excolatur （提升知识，充实人生）

学校信息

学校简称：芝大

建校时间：1890 年

学校性质：私立大学

学校特色：美国大学协会成员

地理位置：美国伊利诺伊州芝加哥市

历史沿革

- 1890 年：约翰·洛克菲勒创办
- 1892 年：正式开课
- 1898 年：建立商学院
- 1902 年：建立法学院

文化长廊

开放包容，成就一流

芝加哥大学以开放的精神，兼收并蓄地包容了德国威廉·冯·洪堡（Wilhelm von Humboldt）与英国约翰·亨利·纽曼（John Henry Newman）的两种大学理念，建构了独特而卓越的组织、研究和教学理念，在很短的时间内成为美国乃至世界一流大学。芝加哥大学在教学中十分注重培养学生的独立思考精神和批判性思维，鼓励挑战权威，鼓励与众不同的思维方式和观点，培养了众多诺贝尔奖获得者。

知名校友

- **陈省身**：中国科学院首批外籍院士、美国国家科学院院士，20世纪最伟大的几何学家之一。
- **恩利克·费米（Enrico Fermi）**：诺贝尔物理学奖获得者，曾是美国芝加哥大学物理学教授。
- **爱德华·泰勒（Edward Teller）**：理论物理学家，美国国家科学院院士，美国艺术与科学院院士，被誉为"氢弹之父"。

名校风采

自成一派

芝加哥大学在众多学科领域均创立了著名的"芝加哥学派",其中包括著名的芝加哥经济学派、芝加哥社会学派、芝加哥建筑学派、芝加哥气象学派、芝加哥文学和电影批判学派以及芝加哥数学分析学派等。

即兴喜剧与新音乐的摇篮

1955年,芝加哥大学本科喜剧剧团成立并成为即兴喜剧的发源地。芝大校友保罗·希尔和伯纳德·萨林被认为是"即兴剧场之父"。芝加哥大学教授拉尔夫·谢培·拉尔夫在1964年创办的芝加哥大学当代室内乐团是美国历史最悠久和最成功的专业新音乐团体之一,该乐团也被称为"CONTEMPO",共组织过80次世界巡演。

专业聚焦

优势学科

芝加哥大学的人类学、天文学、地球科学、经济学、地理学、历史学、语言学、物理学、数学、统计学、社会学、神学等学科在美国具有较强的学术实力,其中经济学、社会学、数学和物理学是芝大的特色学科。

入学要求

本科申请

申请者需要提供高中毕业证、高中成绩单、TOEFL 或 IELTS 成绩。

硕士申请

申请者需要获得学士学位,并且提供本科成绩单、TOEFL 或 IELTS 成绩、GRE 成绩。

宾夕法尼亚大学
University of Pennsylvania

校训：Leges Sine Moribus Vanae （法无德不立）

学校信息

- **学校简称**：宾大（UPenn）
- **建校时间**：1740 年
- **学校性质**：私立研究型
- **学校特色**：常春藤联盟成员、美国大学协会创始成员
- **地理位置**：美国宾夕法尼亚州费城市

第 1—20 名

历史沿革

- **1740 年**：本杰明·富兰克林创建宾夕法尼亚大学
- **1765 年**：成立全美第一所医学院
- **1881 年**：成立全美第一所商学院
- **1896 年**：成立全美第一个学生会组织
- **1995 年**：收购长老会医院

文化长廊

先驱之路：宾夕法尼亚大学的创立

宾夕法尼亚大学由美国著名科学家和政治家、开国元勋本杰明·富兰克林（Benjamin Franklin）创办，是美国历史最悠久的大学之一。它的建立不仅为美国的高等教育走向现代化起到了先驱作用，而且也使美国本土的教育得到了极大的发展，为后来的独立战争和宪政体制的形成打下了基础。

知名校友

- **徐扬生**：中国工程院院士、美国国家工程院外籍院士，中国空间机器人与智能控制专家。
- **林兰英**：半导体材料科学家，中国科学院学部委员，中国科学院半导体研究所研究员、博士生导师。
- **埃隆·里夫·马斯克（Elon Reeve Musk）**：工程师、企业家，美国国家工程院院士，特斯拉（Tesla）创始人。

名校风采

校园活动丰富

宾大常年举办各种校园活动，学生基本可以找到任何自己喜欢的活动，还有大量的机会体验不同国家和种族的文化。宾大的传统活动包括（但不限于）：Toast Throwing（扔烤面包片）、Econ Scream（尖叫活动）、Hey Day（"嗨"日）。

古典与现代结合

宾夕法尼亚大学的建筑由卡普和斯特沃森设计，在保留一些哥特式建筑古老元素的同时，创新并发展出了全新的校园哥特式建筑风格。

专业聚焦

优势专业

商科：金融、地产、管理、市场营销。

医学：内科、神经科学、外科。

工程：计算机科学、电子工程、材料科学。

自然科学：数学、物理学、化学。

社会科学和人文学科：政治学、经济学、心理学。

入学要求

本科申请

申请者需要高中毕业或完成大一课程，并提供本科成绩单、TOEFL 或 IELTS 成绩、SAT 成绩。

硕士申请

申请者需要获得学士学位，并提供大学成绩单、标准化考试成绩（如 GRE 成绩）、TOEFL 或 IELTS 成绩、个人简历、推荐信等材料。

康奈尔大学
Cornell University

校训：I would found an institution where any person can find instruction in any study.

（我要创立一个学校，在这里任何人都可以找到任何学科的指导）

学校信息

- 学校简称：康奈尔（Cornell）
- 建校时间：1865 年
- 学校性质：私立研究型
- 学校特色：常春藤联盟成员、美国大学协会创始成员
- 地理位置：美国纽约州伊萨卡市

历史沿革

- 1865 年：埃兹拉·康奈尔和安德鲁·迪克森·怀特选定校址，法案批准
- 1868 年：康奈尔大学建成，举行开学典礼
- 1875 年：开始实行男女同校制度
- 1888 年：成立农学院
- 1898 年：成立医学院
- 1946 年：成立商学院
- 1960 年：被美国教育部授权为国家级东亚研究中心
- 1965 年：开设计算机科学系
- 2011 年：建设康奈尔科技学院

文化长廊

践行平等，做全民大学

康奈尔大学的立校之本是任何人都有获得教育的平等权利，它是常春藤联盟成员中第一所实行性别平等的男女合校大学。在招生录取上，康奈尔大学坚持不计贵族身份、不分信仰和种族的原则，致力于实现真正的全民教育，因此被誉为美国历史上第一所具有真正意义的全民大学。

知名校友

- **谢尔登·格拉肖（Sheldon Lee Glashow）**：著名的理论物理学家，诺贝尔物理学奖获得者，被誉为"粒子物理标准模型之父"。
- **茅以升**：土木工程学家、桥梁专家，曾主持修建钱塘江大桥。
- **胡适**：中国现代思想家、文学家、哲学家。

名校风采

学生活动丰富

康奈尔大学拥有超过1000个学生团体，其中10多个与中国文化相关，包括康奈尔中华文化组织、中文版《圣经》研究组织、中华龙足球社、康奈尔中国戏剧社、康奈尔中国电影与动画研究社、中国文学社等。

自然景观特色突出

康奈尔大学校园西北方为卡尤加湖，福尔克里克河穿校而过。校园内有瀑布，还有十几座植物园，统称为康奈尔植物园，其内植物种类多样。植物园除了有花草之外，也是观鸟胜地。

专业聚焦

优势学科

工科、应用经济、劳工关系、农业领域、兽医、文理、建筑类、传媒领域、教育学院、酒店管理学。

入学要求

本科申请

申请者需要高中毕业并提供 TOEFL 或 IELTS 成绩。

硕士申请

申请者需要获得学士学位，并提供大学成绩单、TOEFL 或 IELTS 成绩。部分专业可能需要其他考试成绩。

墨尔本大学
The University of Melbourne

校训：Postera crescam laude（我们将在后人的敬重中成长）

学校信息

- 学校简称：墨大
- 建校时间：1853 年
- 学校性质：公立大学
- 学校特色：澳大利亚六所砂岩学府之一
- 地理位置：澳大利亚维多利亚州墨尔本市

历史沿革

- 1853 年：墨尔本大学成立
- 1855 年：正式开始授课
- 1857 年：法学院正式开课
- 1860 年：诞生"墨尔本模式"
- 1936 年：任命第一任校长
- 2008 年：工程学院（现墨尔本工程与信息技术学院）和医学院正式开课
- 2022 年：入选英国"高潜力人才签证计划"和中国香港"高端人才通行证计划"

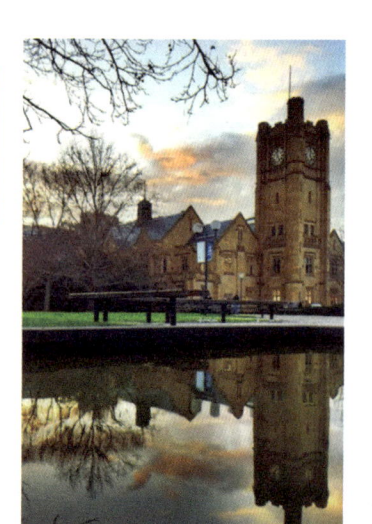

文化长廊

底蕴深厚，影响力大

墨尔本大学是澳大利亚历史第二悠久的高等学府、维多利亚州最古老的大学，也是澳大利亚六所砂岩学府之一，拥有深厚的历史底蕴、卓越的学术声望和广泛的全球影响力。

知名校友

- **饶子和**：分子生物物理与结构生物学家，中国科学院院士。
- **高文安**：香港建筑师学院院士，获香港室内设计协会终身成就奖。
- **朱莉娅·艾琳·吉拉德（Julia Eileen Gillard）**：澳大利亚前总理，女性政治家。

名校风采

被艺术气息包围

墨尔本大学位于澳大利亚维多利亚州的首府——墨尔本市。墨尔本市以浓厚的文化艺术气息著称，比如涂鸦街，街头艺术家们的作品让这条街道变得色彩斑斓，非常适合拍照留念。

专业聚焦

强势专业

语言学、化学工程、土木与结构工程、电子电气工程、计算机科学。

热门专业

金融学、建筑、心理学、教育、法学。

入学要求

本科申请

申请者可以通过预科或国际考试的方式申请。预科需要提供高中成绩和IELTS成绩，完成后可直接进入本科；国际考试包括A-level、IB、SAT等，达到一定的分数要求可进入墨尔本大学就读。

硕士申请

申请者需要提供学位证书、大学成绩、TOEFL或IELTS成绩。

加州理工学院
California Institute of Technology

校训：The truth shall make you free （真理使人自由）

学校信息

- 学校简称：加州理工
- 建校时间：1891 年
- 学校性质：私立研究型
- 学校特色：全球大学校长论坛成员
- 地理位置：美国加利福尼亚州帕萨迪纳市

历史沿革

- 1891 年：Amos G.Throop 在帕萨迪纳创建职业学校
- 1920 年：更名为加州理工学院
- 1925 年：设立地质学系
- 1926 年：创立航空术研究生院
- 1928 年：创立生物学院
- 2020 年：成立国际大学气候联盟
- 2022 年：入选英国政府"高潜力人才签证计划"

第 1—20 名

文化长廊

优中取优，精益求精

加州理工学院以培养研究型人才为主要目的，一直以来实施严格的精英式教育，每年只招收240名左右本科生。在校的仅有不到400名教职员和2000多名学生（研究生＋本科生），但校友、教职工和研究人员中却有多人获得诺贝尔奖，是世界上诺贝尔奖获奖密度最高的高等学府之一。

知名校友

- **赵忠尧**：物理学家，中国核物理研究和加速器建造事业的开拓者。
- **钱伟长**：物理学家、教育家，中国科学院院士，曾任上海大学校长。
- **戈登·摩尔**（Gordon Moore）：英特尔公司的创办者之一，摩尔定律的创立者。

名校风采

学生都是"学习狂"

加州理工学院的学生们平均每星期学习50小时，每个人在毕业前都必须修满486小时的课程，大部分人比这更多。另外，所有学生都必须上5门物理课、2门化学课、2门数学课、1门生物课、1门天文课或是地质课，还要上2门实验课。常有学生感叹"我最恨的事就是解题才解到一半，就发现太阳已经升起来了"。

科研能力卓绝

加州理工学院实验室众多，科学家们成功实验设计了人类最早的现代火箭，设计组装了美国阿波罗登月计划的太空飞船。喷气推进实验室参与设计和发射许多有重大意义的太空飞船，比如探索者计划、水手计划、伽利略计划等的太空飞船。

专业聚焦

优势学科

工程：航空航天工程、生物医学工程、机械工程、环境工程、电子工程。

科学：化学、物理学、地球科学、环境科学、生物科学、数学、计算机科学。

商科：会计学、金融学、管理学、市场营销学。

法学：商法、知识产权法、国际法、环境法。

入学要求

本科申请

申请者需要高中毕业，并且提供高中成绩单，A-level、IB 或 SAT 的成绩。

硕士申请

申请者需要提交大学成绩单、3封推荐信、GRE成绩。部分专业可能需要其他考试成绩。

耶鲁大学
Yale University

校训：Lux et Veritas （光明和真理）

学校信息

学校简称：耶鲁
建校时间：1701 年
学校性质：私立研究型
学校特色：常春藤联盟成员
地理位置：美国康涅狄格州纽黑文市

历史沿革

1701 年：公理会传教士说服康州法院成立一所教会学校

1716 年：学校迁至纽黑文市

1718 年：更名为耶鲁学院

1730—1780 年：学院发展为大学

1823 年：建立耶鲁大学美术馆

1969 年：开始男女同校

2023：成立数字伦理中心

文化长廊　名校风采　专业聚焦

培养人文情怀

耶鲁大学人文教育的目标之一是培养学生的人文情怀，即关怀人生价值的实现、人的自由与平等，以及人与社会、自然之间的和谐。

校园环境

耶鲁大学的校园古典浪漫，大多数古建筑为哥特式风格，一些现代建筑也常被作为建筑史中的典范被教科书引用，例如美术馆、英国艺术中心、滑冰场、艺术和建筑系大楼。

优势专业

社会科学、历史学、建筑学、经济学、英语与文学、现代语言学和政治学、法学、统计学、生物学、化学。

入学要求

本科申请

申请者需要提供SAT或ACT成绩以及TOEFL或IELTS成绩。

硕士申请

申请者需要获得学士学位，并且提供SAT或ACT成绩、GRE成绩、TOEFL或IELTS成绩、推荐信、个人陈述等相关材料。

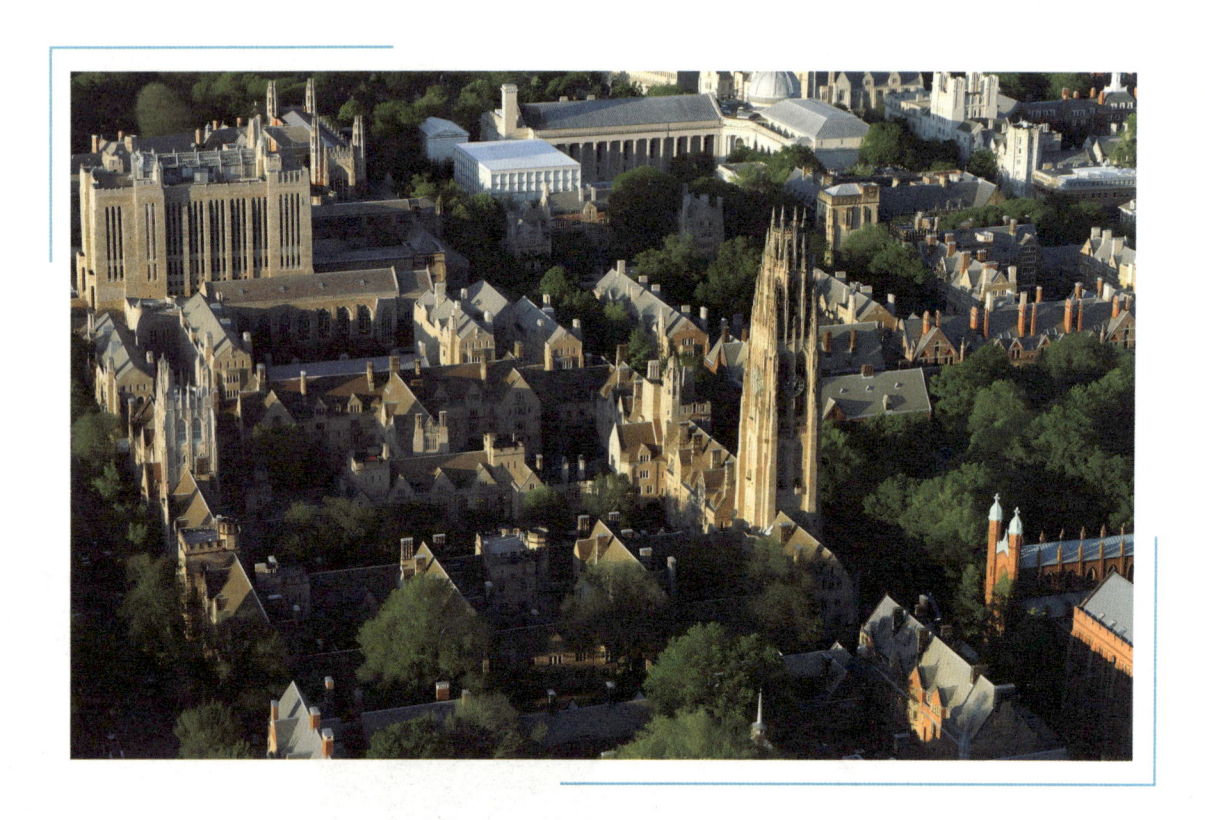

北京大学
Peking University

学校信息
- 学校简称：北大
- 建校时间：1898 年
- 学校类别：综合类
- 学校特色："双一流""211 工程""985 工程"
- 地理位置：中国北京

历史沿革

- 1898 年：京师大学堂创办
- 1912 年：更名为国立北京大学
- 1937 年：与国立清华大学、南开大学南迁长沙，后迁昆明，合称国立西南联合大学
- 1946 年：在北平复学
- 1996 年：成为"211 工程"首批重点建设的高校之一
- 1998 年：成为国家高等教育"985 工程"首批重点建设的高效之一
- 2017 年：入选国家"双一流"建设高校
- 2022 年：入选第二轮"双一流"建设高校及学科名单

第 1—20 名

文化长廊　名校风采

百年贡献，铸就辉煌

北京大学是中国近代第一所国立大学，是中国近代高等教育的开端。作为新文化运动的中心和五四运动的策源地，北京大学为中国最早传播马克思主义和民主科学思想发挥了重要作用。同时，它也是中国共产党最早的活动基地之一，为民族的振兴和解放、国家的建设和发展、社会的文明和进步做出了不可替代的贡献。

中西合璧

北大校园的建筑风格独具特色，古典与现代元素完美融合。校园内既有传统的宫殿式建筑，如百年钟楼、百年讲堂等，这些建筑采用传统的木结构、琉璃瓦屋顶和彩绘雕刻等元素，展现了中国古代建筑的精髓；同时，这些建筑也融入了现代的教学设施和功能，使其既保留了历史的痕迹，又适应了现代教育的需求。此外，北大校园还受到了西方建筑的影响，如燕园的西式建筑群，红墙绿瓦、尖顶拱门等元素与中国传统建筑相互映衬，形成了一种独特的中西合璧的建筑风格。

专业聚焦

一级学科国家重点学科

哲学、理论经济学、法学、政治学、社会学、中国语言文学、历史学、数学、物理学、化学、地理学、大气科学、生物学、力学、电子科学与技术、计算机科学与技术、口腔医学、药学。

二级学科国家重点学科

国民经济学，基础心理学，英语语言文学，印度语言文学，天体物理，固体地球物理学，构造地质学，通信与信息系统，核技术及应用，环境科学，免疫学，病理学与病理生理学，内科学（肾病、心血管病、血液病），儿科学，精神病与精神卫生学，皮肤病与性病学，外科学（骨外、泌尿外），妇产科学，眼科学，肿瘤学，运动医学，流行病与卫生统计学，企业管理，教育经济与管理，图书馆学。

普林斯顿大学
Princeton University

校训：Dei sub numine viget

（她因上帝的力量而繁荣）

学校信息

- **学校简称**：普林斯顿
- **建校时间**：1746 年
- **学校性质**：私立研究型
- **学校特色**：常春藤联盟成员、全球大学校长论坛成员
- **地理位置**：美国新泽西州普林斯顿市

历史沿革

- **1746 年**：创立新泽西学院
- **1747 年**：学校迁至新泽西州纽瓦克
- **1756 年**：迁至普林斯顿市
- **1896 年**：更名为普林斯顿大学
- **1969 年**：开始录取女性本科学生
- **2022 年**：入选英国政府"高潜力人才签证计划"

文化长廊

注重品格培养

普林斯顿大学传承了荣誉制度，本科学生要签署被称为"荣誉规章"的学术诚信保证。学生们在每一次考试都被要求写下"我以我的人格保证我没有在这次考试中违反荣誉规章"的誓言。课外作业不在荣誉规章的管辖范围内，但学生也经常需要在作业上写下绝无作弊行为的保证。从1893年开始，普林斯顿大学实行"诚信"制度，学生参与的所有书面考试都在诚信制度下进行，即没有老师监考，全凭学生自觉。

知名校友

费恩曼（Richard Philips Feynman）：物理学家，美国全国科学院院士，与施温格尔（Julian Seymour Schwinger）和日本物理学家朝永振一郎共获1965年诺贝尔物理学奖。

名校风采

宿舍设施五花八门

普林斯顿大学的Wilson宿舍内有音乐厅、舞蹈练功房、艺术厅、瑜伽练习室、剧场，还有包括乒乓球和桌上足球设备的娱乐室。Forbes宿舍内含餐厅、咖啡馆、会议室、自习室、图书馆、棋牌室、剧院、音乐厅、洗衣房等。

体育健身队伍多多

普林斯顿大学是美国大学体育总会的一级学校,有35支俱乐部参与38项体育赛事,对于希望运动健身的同学,校内也有300多支队伍可供选择。

专业聚焦

王牌专业

经济学、计算机科学、工程学、数学、物理学、生物学、英语语言与文学、心理学、化学、政治学。

入学要求

本科申请

申请者需要提供高中成绩单、TOEFL或IELTS成绩单、SAT或ACT成绩单。

硕士申请

申请者需要获得学士学位,并且提供本科成绩单、TOEFL或IELTS成绩单、推荐信以及个人陈述等材料。

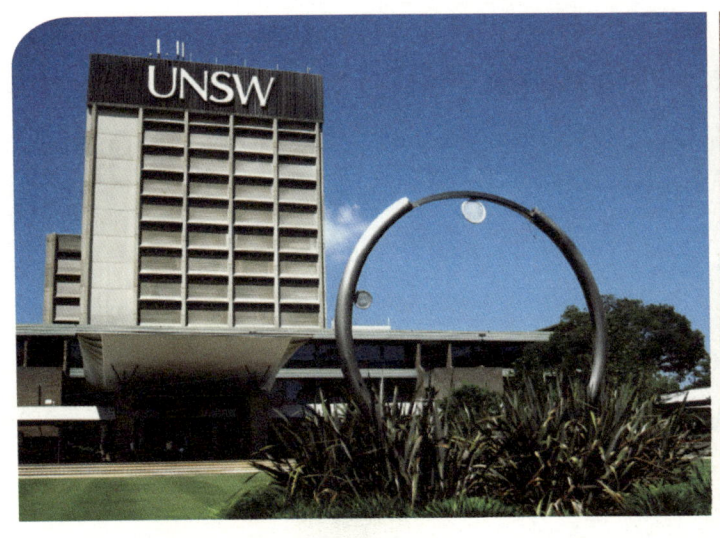

新南威尔士大学
The University of New South Wales

校训：Scientia Manu et Mente

（实践思考出真理）

学校信息

学校简称：UNSW

建校时间：1949 年

学校性质：公立研究型

学校特色：澳大利亚八校联盟成员、环太平洋大学联盟成员

地理位置：澳大利亚新南威尔士州悉尼市

历史沿革

1949 年：建设新南威尔士理工大学

1950 年：成立了大学的前三个学院——建筑学院、工程学院和科学学院

1958 年：更名为新南威尔士大学

1961 年：成立医学院

1971 年：成立法学院

2016 年：启动新南威尔士大学火炬创新园项目建设工作

2018：新南威尔士大学在上海建立了中心

战争学府

新南威尔士大学为澳大利亚发展了许多高新技术，特别在国防科技方面，制造了许多威力极大的高科技武器，为澳大利亚的军事工业发展做出了巨大的贡献，赢得了澳大利亚版"战争学府"的美誉。

知名校友

- **施正荣**：澳大利亚国家科学和工程技术院院士，上海电力大学教授。
- **罗杰·瑞迪（Raj Reddy）**：美国国家工程院院士，美国艺术与科学院院士，中国工程院外籍院士。

工程师的摇篮

新南威尔士大学的工程学院是全澳规模最大的工程学院之一，录取学生均分很高，2015年全澳最具影响力的百强工程师名单中近四分之一毕业于该校。

专业聚焦

世界 50 强学科

矿物与采矿工程、石油工程、法律、土木与结构工程、会计与金融、心理学、环境科学、地球与海洋科学、地质学、材料科学、地球物理学、建筑/环境、电气与电子工程、商务与管理、经济学与计量经济学、体育相关学科、数学等。

入学要求

本科申请

申请者需要提供高中成绩单、TOEFL 或 IELTS 成绩、个人陈述、推荐信等材料。

硕士申请

申请者需要获得学校认可的本科学士学位并且达到申请专业要求的 GPA，还需要提供 TOEFL 或 IELTS 成绩。

悉尼大学
The University of Sydney

校训：Sidere mens eadem mutato （繁星纵变，智慧永恒）

学校信息

学校简称：悉大（USYD）

建校时间：1850 年

学校性质：公立研究型

学校特色：环太平洋大学联盟成员、澳大利亚八校联盟成员

地理位置：澳大利亚新南威尔士州悉尼市

历史沿革

1850 年： 悉尼大学建立

1858 年： 维多利亚女王授予悉尼大学皇家特许状，确保其学位与英国本土的大学同等地位

1881 年： 开始招收女生

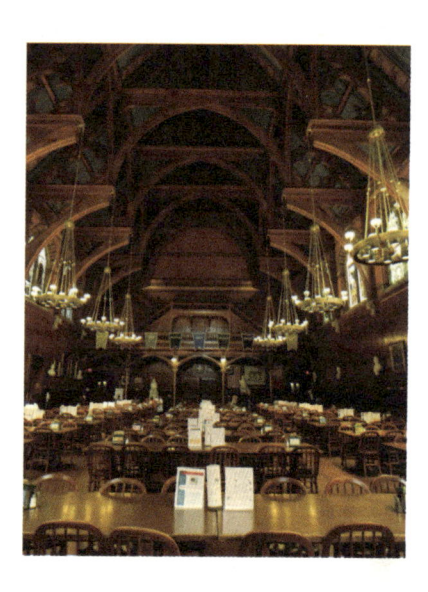

文化长廊

澳大利亚第一校

悉尼大学是澳大利亚历史最悠久和最负盛名的大学，被称为"澳大利亚第一校"。悉尼大学致力于全人类的自由与进步，培养了大量一流的科学家、政治家、文学家……在世界范围内也是最优秀的高等学府之一。

知名校友

- **弋洪涛**：中建国际设计BIM业务总经理，水立方项目的负责人。
- **韩礼德**：世界主要语言学流派之一的系统功能语言学的代表人物。
- **约翰·奥沙利文（John O' Sullivan）**：无线宽带（Wi-Fi）核心技术的主要发明人。

名校风采

辩论强校

悉尼大学重视学生思辨能力，学生代表校方参加世界大学辩论比赛已获得5次世界冠军，悉尼大学2012年在辩论赛中的排名高居全球第一。悉尼大学语言课程及正式专业课程包含大量演讲，无论学生来自什么学科、专业，每周至少要做一次演讲。

打卡胜地

悉尼大学众多特色建筑是学子们的打卡拍照地，比如商学院主楼阿伯克龙大楼，采用了螺旋式阶梯样式的设计，在视觉上呈现出了独特的几何立体美学，还有医学院的标志性建筑安德森大楼，这座哥特式建筑被列入了新南威尔士州遗产名录。

专业聚焦

优势学科

语言学、商业管理、计算机、教育、社会政策与管理、会计与金融、社会学、数学、心理学、历史。

入学要求

本科申请

申请者需要高中毕业并在国内大学完成第一年的课程；部分专业需要先读一年预科，并通过预科考试后才能重新申请本科。申请者需要提供 TOEFL 或 IELTS 成绩。

硕士申请

申请者需要获得本科学士学位，部分专业要求获得荣誉学位。还需要提供大学成绩单、TOEFL 或 IELTS 成绩。

第21—40名

多伦多大学
爱丁堡大学
哥伦比亚大学
巴黎文理研究大学
清华大学
南洋理工大学
香港大学
约翰斯·霍普金斯大学
东京大学
加利福尼亚大学洛杉矶分校
麦吉尔大学
曼彻斯特大学
密歇根大学
澳大利亚国立大学
不列颠哥伦比亚大学
洛桑联邦理工学院
慕尼黑工业大学
巴黎理工学院
纽约大学
伦敦国王学院

多伦多大学
University of Toronto

校训：Velut arbor ævo （百年树人）

学校信息

- **学校简称：** 多大（UofT）
- **建校时间：** 1827 年
- **学校性质：** 公立联邦制研究型
- **学校特色：** 加拿大 U15 研究型大学联盟成员、美国大学协会成员
- **地理位置：** 加拿大安大略省多伦多市

历史沿革

- **1827 年：** 根据英国乔治四世颁布的皇家宪章建立国王学院
- **1849 年：** 脱离圣公会而成为非宗教大学，更名为多伦多大学
- **1964 年：** 建立了士嘉堡校区
- **1965 年：** 建立了密西沙加校区

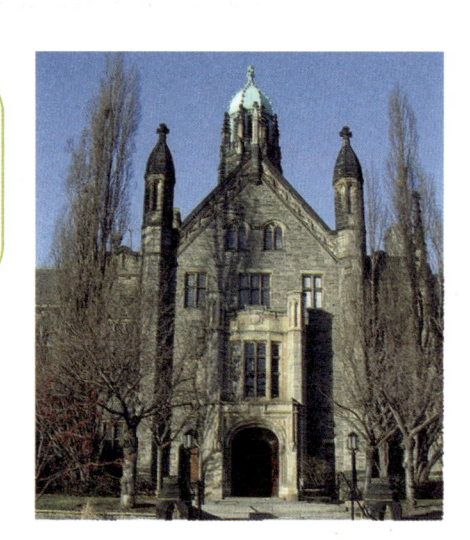

文化长廊

科研成果丰富

多伦多大学取得了大量杰出的科研成果，如干细胞及胰岛素的发现，电子起搏器、多点触摸技术、电子显微镜、抗荷服的发明和发展。学校设有多个科研实验室和研究中心，致力于推动计算机科学的前沿研究。

知名校友

- **林家翘**：力学和数学家，美国艺术与科学院院士、美国国家科学院院士、中国科学院外籍院士，麻省理工学院荣誉退休教授。
- **约翰·查尔斯·菲尔兹（John Charles Fields）**：著名数学家，证明了黎曼-罗赫定理。
- **弗雷德里克·格兰特·班丁（Banting, Sir Frederick Grant）**：生理学家、外科医师，胰岛素发现者之一，并因此获诺贝尔生理学或医学奖。

名校风采

独特的书院联邦制

悉尼大学有很多独立的书院，每个书院都有自己不同的历史、特色及录取标准。书院是学生们生活的地方，包含了宿舍、图书馆、自习室及体育馆等。书院同时为学生提供个性化的学术指导、社群建设和资源支持。

专业聚焦

优势专业

工程学、解剖和生理学、商学、教育、地理学、人类学、药剂与药理学。

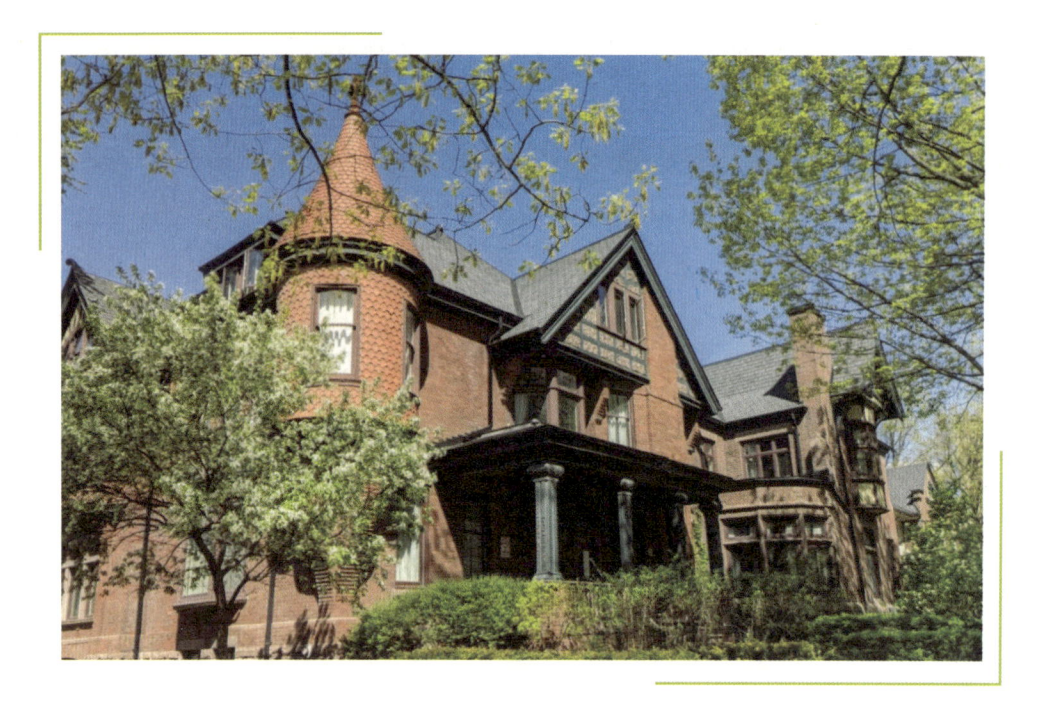

入学要求

本科申请

申请者需要提供高中成绩单、会考成绩单、TOEFL 或 IELTS 成绩。

硕士申请

申请者需要获得本科学士学位，并且提供大学成绩单、TOEFL 或 IELTS 成绩。

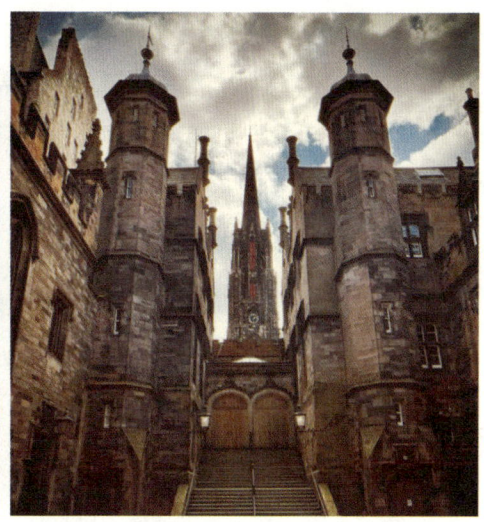

爱丁堡大学
The University of Edinburgh

校训：The learned Can see twice

（智者能看到表象，也能发现内涵）

学校信息

- **学校简称**：Edin.
- **建校时间**：1583 年
- **学校性质**：公立研究型
- **学校特色**：罗素大学集团成员、欧洲研究型大学联盟成员
- **地理位置**：英国苏格兰爱丁堡市

第 21—40 名

历史沿革

- **1583 年**：唐尼斯学院成立
- **1617 年**：更名为詹姆斯国王学院
- **1998 年**：合并了莫雷教育学院
- **1886 年**：正式更名为爱丁堡大学
- **2011 年**：合并了爱丁堡艺术学院
- **2014 年**：浙江大学爱丁堡大学联合学院成立

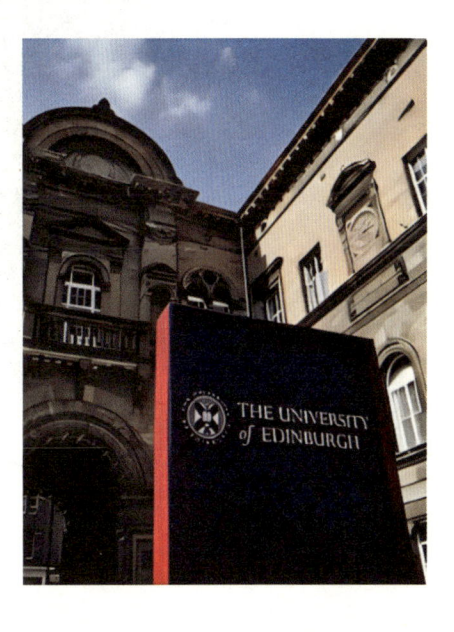

文化长廊

北方雅典

爱丁堡大学在欧洲启蒙时代具有极为重要的领导地位，使爱丁堡市成为苏格兰启蒙运动的中心。爱丁堡大学逐渐成为欧洲的学术中心，并享有"北方雅典"之盛名。

知名校友

- **程开甲**：著名理论物理学家，中国科学院院士，"两弹一星"功勋奖章获得者，2013年国家最高科学技术奖获得者，中国核武器事业的开拓者之一。
- **詹姆斯·赫顿（James Hutton）**：地质学家，经典地质学的奠基人。
- **詹姆斯·马修·巴利（James Matthew Barrie）**：著名小说家、剧作家，代表作有《彼得·潘》等。

名校风采

欢度圣诞

爱丁堡大学每年都会举办圣诞节晚会，活动包括音乐、舞蹈、游戏等；同时举办圣诞节市集，活动中有各种各样的礼品、美食、手工艺品等，让学生在节日气氛中购物。

专业聚焦

优势专业

医学、英语、数学、经济学、法学、政治学、历史、哲学。

入学要求

本科申请

申请者需要获得高中毕业证并且高中成绩符合要求,还需要提供TOEFL或IELTS成绩。

硕士申请

申请者需要获得本科学士学位并且GPA符合申请专业要求,还需要提供TOEFL或IELTS成绩。

哥伦比亚大学
Columbia University in the City of New York

校训：In lumine Tuo videbimus lumen （借汝之光，得见光明）

学校信息

学校简称：哥大

建校时间：1754 年

学校性质：私立研究型

学校特色：常春藤联盟成员、全球大学校长论坛成员

地理位置：美国纽约州纽约市

历史沿革

1754 年：成立国王学院

1896 年：迁至晨边高地，同时更名为哥伦比亚大学

1947 年：成立尼维斯实验室

文化长廊

科技前沿

哥伦比亚大学在各个领域都取得了举世瞩目的成就。从脑机接口、激光、微波激射器到核磁共振等科技发明，再到现代遗传学的起源和地球板块构造学说的证明，哥伦比亚大学的学者们始终站在科学的最前沿。

知名校友

- **陶行知**：教育家、思想家，中国人民救国会和中国民主同盟的主要领导人之一。
- **埃德温·霍华德·阿姆斯特朗（Edwin Howard Armstrong）**：美国无线电工程师，调频广播技术的发明者。

名校风采

学校建筑独特优雅

哥伦比亚大学内的建筑多为哥特式、罗曼式和新文艺复兴风格，这些建筑不仅典雅精美，更是艺术与历史的结晶，为校园增添了庄重而古典的氛围。漫步在哥大校园中，仿佛置身于一个充满历史与文化底蕴的殿堂。

专业聚焦

优势专业

经济与经济计量、建筑学、古典文学、英语语言与文学、现代语言学、语言学、哲学、神学宗教研究、土木工程、电子与电气工程、解剖与生理学、牙科、护理学、心理学、地球与海洋科学等。

入学要求

本科申请

申请者需要提供高中成绩单、TOEFL 或 IELTS 成绩。部分专业需要其他考试成绩。

硕士申请

申请者需要获得本科学士学位，并且提供 TOEFL 或 IELTS 成绩、ACT 或 SAT 成绩。

巴黎文理研究大学

Université PSL

校训：Sapere Aude （敢于求知）

学校信息

学校简称：PSL

建校时间：2010 年

学校性质：公立研究型

学校特色：法国卓越大学计划高校

地理位置：法国巴黎

第 21—40 名

历史沿革

2010 年：
巴黎大学建立

2011—2012 年：
合并 11 个学院

2017 年：
法国国家科学研究中心、法国国立健康与医学研究中心、法国国家信息与自动化研究中心并入

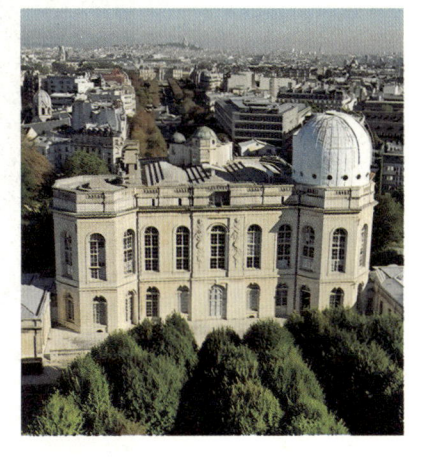

2020 年：
巴黎马拉盖国立高等建筑学院并入

文化长廊

> **海纳百川**

巴黎文理研究大学组建于2010年，逐渐汇集了24个位于巴黎的百年老校和研究机构。学校在工学、文学、理学、经济学和医学等多个领域拥有崇高的学术地位及广泛的影响力，目标是成为法国乃至欧洲大陆最高学府。

> **知名校友**

- 安德烈·玛丽·安培（André-Marie Ampère）：物理学家，电流的国际单位安培即以其姓氏命名。
- 让·巴普蒂斯·约瑟夫·傅里叶（Baron Jean Baptiste Joseph Fourier）：数学家，傅里叶变换的创始者。

名校风采

> **感受浪漫之都——巴黎**

巴黎文理研究大学位于法国首都巴黎，这座充满艺术气息和历史底蕴的城市为巴黎文理研究大学的文化注入了独特的元素。学校与城市的深度融合，使得师生们能够在这座城市里感受到浓厚的文化氛围，从而进一步丰富和深化他们的学术体验。

专业聚焦

优势学科

数学、哲学、计算机科学、艺术与人文。

入学要求

本科申请

申请者需要获得高中毕业证并且高中成绩符合要求，提供TOEFL或IELTS成绩，还需要通过法语水平考试。

硕士申请

申请者需要获得本科学士学位，并且通过法语水平考试。还需要提供本科成绩单、TOEFL或IELTS成绩、个人简历、推荐信等材料。

清华大学
Tsinghua University

校训：自强不息，厚德载物

学校信息

- 学校简称：清华
- 建校时间：1911 年
- 学校类别：综合类
- 学校特色："双一流""211 工程""985 工程"
- 地理位置：中国北京

历史沿革

- 1911 年：学校前身为清华学堂
- 1912 年：更名为清华学校
- 1928 年：更名为国立清华大学
- 1937 年：与北京大学、南开大学南迁长沙，后迁昆明，合称国立西南联合大学
- 1946 年：迁回清华园

文化长廊

百年发展铸就清华精神

清华大学的历史文化深厚而丰富。自1911年清华学堂建立至今，已经历了百余年的沧桑历程，在百余年的发展历程中，清华大学形成了鲜明的清华精神。这包括"自强不息、厚德载物"的校训，"行胜于言"的校风，以及"严谨、勤奋、求实、创新"的学风。这些精神内涵激励和鼓舞着一代代清华人为了中华民族的崛起与腾飞做出不息的努力。

知名校友

- **竺可桢**：中国地理学和气象学奠基人。
- **王淦昌**：中国核科学的奠基人和开拓者之一，中国科学院院士，"两弹一星"元勋。
- **邓稼先**：核物理学家，中国核武器研制工作的开拓者和奠基者，"两弹一星"元勋。

名校风采

尽享美食

清华大学全校10余座学生餐厅，已全部实现了"服务餐厅化、售饭微机化、燃料燃气化、厨具不锈钢化"。餐厅里各种中式快餐、冷盘、小吃、小炒、砂锅应有尽有，花样翻新，让清华学子能够在校园内尽享美食。

专业聚焦

第二轮"双一流"建设学科

法学、政治学、马克思主义理论、数学、物理学、化学、生物学、力学、机械工程、仪器科学与技术、材料科学与工程、动力工程及工程热物理、电气工程、信息与通信工程、控制科学与工程、计算机科学与技术、建筑学、土木工程、水利工程、化学工程与技术、核科学与技术、环境科学与工程、生物医学工程、城乡规划学、风景园林学、软件工程、管理科学与工程、工商管理、公共管理、设计学、会计与金融、经济学和计量经济学、统计学与运筹学、现代语言学、航空宇航科学与技术。

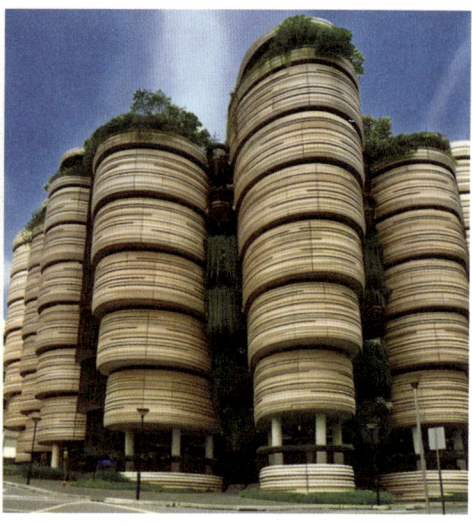

南洋理工大学
Nanyang Technological University

校训：珍惜现在，别在毫无意义的事情上浪费时间。

学校信息

- **学校简称**：南大（NTU）
- **建校时间**：1981 年
- **学校性质**：公立研究型大学
- **学校特色**：国际科技大学联盟发起成员
- **地理位置**：新加坡

历史沿革

1981 年：新加坡政府在南洋大学校址成立南洋理工学院

1985 年：南洋理工学院被英联邦工程理事会评为世界上最杰出的工程学院之一

1987 年：成立会计与商业学院

1988 年：成立应用科学学院

2000 年：应用科学学院进行重组，成立计算机工程学院和材料工程学院

1992 年：成立传播学院

1991 年：南洋理工学院重组，国立教育学院并入，更名为南洋理工大学

2001 年：设立生物科学学院，同年，土木与结构工程学院更名为土木与环境工程学院

2006 年：从法定机构转为非营利企业

文化长廊

科研卓越，育才领航

南洋理工大学是新加坡的一所世界著名研究型大学，以其在工程、物理和工商管理等领域的卓越表现享誉全球。作为科研密集型大学，其在纳米材料、生物材料等领域的研究具有世界影响力，致力于培养21世纪的领袖人才。

知名校友

- **陈欧**：青年企业家，聚美优品创始人。
- **吴天胜**：《最强大脑》国际赛冠军选手，中国首位世界记忆冠军，吉尼斯世界纪录保持者。

名校风采

深入科研，体验学术魅力

"本科生在校研究计划"是南洋理工大学2004年推出的计划，在本科生在校研究计划中，优秀的本科生可从该校超过800个研究项目中选择，包括工程、生物科学、传播、工商管理、会计及人文学的研究项目，充分体验校园浓郁的研究学术氛围。

专业聚焦

优势专业

材料科学、电子与电气工程、机械、航空与制造工程、土木与结构工程、计算机科学与信息系统、会计与金融、数学、化学、生物科学。

入学要求

本科申请

申请者凭高考成绩申请，高考成绩要超过一本线50分以上，还需提供TOEFL或IELTS成绩。

硕士申请

申请者需要获得本科学士学位，并且提供TOEFL或IELTS成绩。

香港大学
The University of Hong Kong

校训：Sapientia Et Virtus （明德格物）

学校信息

- 学校简称：港大（HKU）
- 建校时间：1911 年
- 学校性质：公立研究型
- 学校特色：中国大学校长联谊会成员、环太平洋大学联盟成员
- 地理位置：中国香港

历史沿革

- 1911 年：香港大学成立
- 1912 年：举行创校典礼
- 1927 年：成立中文系
- 1941 年：学校停办
- 1945 年：香港大学复办
- 2011 年：一百周年校庆
- 2012 年：开启新学制
- 2024 年：西北大学－香港大学地球与行星科学联合中心在西安成立

文化长廊

明德格物

香港大学的文化是深厚的，它体现在多个方面，包括校徽、校训、学术氛围、国际交流、人文底蕴以及校园环境和建筑风格等。其中校训"明德格物"出自儒家经典《礼记·大学》："大学之道，在明明德，在亲民，在止于至善。"旨在训勉学生进德修业，完善内在德智的修养，并推己及人。

知名校友

▸ **朱光潜**：现当代著名美学家、文艺理论家、教育家、翻译家，翻译作品有《歌德谈话录》《文艺对话集》等。

▸ **沈向洋**：人工智能专家，美国国家工程院外籍院士、英国皇家工程院外籍院士，现任香港科技大学校董会主席。

▸ **黎子良**：统计学家，考普斯会长奖（被誉为"统计学界的诺贝尔奖"）首位华裔得主，斯坦福大学讲座教授。

名校风采

港大特色地标：建筑之美

香港大学本部大楼用文艺复兴时期建筑模式的花岗石柱廊所支撑，顶部则建有1座高塔和4座角塔，具有典型的西方建筑风格。本部大楼是港大学生拍摄毕业照的首选地。

香港大学嘉道理生物科学大楼曾荣获亚洲最佳建筑设计奖，这座10层高的大楼由8组10米高的倒金字塔形支柱支撑，屋顶是对称的钢质弧形。

专业聚焦

优势学科

牙医学、教育学、地理学、语言学及社会政策与管理、土木工程、计算机科学及信息系统、会计与金融、化学、经济与计量经济学、机械工程、法学。

入学要求

本科申请

申请者凭高考成绩申请，高考成绩要超过一本线100分以上且英语单科120分以上（满分为150分）。

硕士申请

申请者需要获得本科学士学位，并且提供TOEFL或IELTS成绩。

第21—40名

约翰斯·霍普金斯大学
Johns Hopkins University

校训：Veritas vos liberabit （真理指向自由）

学校信息

- 学校简称：JHU
- 建校时间：1876 年
- 学校性质：私立研究型
- 学校特色：美国大学协会创始成员、十大联盟非正式成员
- 地理位置：美国马里兰州巴尔的摩市

历史沿革

- 1876 年：约翰斯·霍普金斯大学正式创立
- 1878 年：开办霍普金斯大学出版社
- 1889 年：成立护理学院
- 1909 年：首倡成人教育
- 1916 年：创办公共卫生学院
- 1950 年：尼采高级国际研究学院并入
- 1977 年：皮博迪音乐学院并入

文化长廊

科研领军，公卫翘楚

约翰斯·霍普金斯大学是美国第一所现代研究型大学，以追求知识的独立探索和自由思考为教育理念，鼓励学生自主学习和实践，注重培养学生的创新能力和批判思维。约翰斯·霍普金斯大学在科学研究方面取得了丰硕的成果，特别是在公共卫生领域。其公共卫生学院自有排名以来，均为全美第一。

知名校友

- **施一公**：结构生物学家，中国科学院院士，曾任清华大学副校长。
- **戈登·摩尔（Gordon Moore）**：科学家、企业家，"摩尔定律"提出者，英特尔公司创始人之一。

名校风采

欢乐嘉年华

每年四月举行的春季嘉年华是约翰斯·霍普金斯大学的传统。从白天到黑夜，为期3天的嘉年华会将整个小镇变成一片欢乐的海洋。每年都有数以10万计的参观者从四面八方慕名而来，与约翰斯·霍普金斯大学的学生一起尽情狂欢。

专业聚焦

优势专业

临床医学、护理、生命科学、化学工程、教育、公共健康、国际关系。

入学要求

本科申请

申请者需要提供高中成绩单，SAT、ACT 或 IB 成绩，TOEFL 或 IELTS 成绩。

硕士申请

申请者需要获得本科学士学位，并且提供 TOEFL 或 IELTS 成绩。

东京大学
The University of Tokyo

校训：志ある卓越（志在卓越）

学校信息

- **学校简称：** 东大
- **建校时间：** 1877 年
- **学校性质：** 公立研究型大学
- **学校特色：** 七所旧帝国大学之首
- **地理位置：** 日本东京

历史沿革

- **1877 年：** 东京开成学校与东京医学校合并，东京大学创立
- **1878 年：** 文部省（教育部）批准东京大学授予学士学位
- **1886 年：** 更名为帝国大学，合并工科大学
- **1897 年：** 更名为东京帝国大学
- **1947 年：** 正式定名为东京大学

第 21—40 名

文化长廊

领袖人才摇篮地

东京大学由明治时期的东京开成学校和东京医学校合并改制而成,以其卓越的教学质量和研究实力著称,培养了大量优秀人才,在全球享有很高的声誉。毕业生中包括不少国家领导级的人物。

知名校友

- 郁达夫:中国现代作家,新文学团体"创造社"的发起人之一,代表作有《迟桂花》《春风沉醉的晚上》等。
- 川端康成:日本文学界"泰斗级"人物,诺贝尔文学奖获得者,代表作有《雪国》《伊豆的舞女》等。

名校风采

文化祭

东京大学每年会有两次校园文化祭,5月本乡校区的五月祭,以及11月在驹场校区的驹场祭。学校的学生团体会开设模拟店铺,吃的玩的一应俱全。

专业聚焦

优势学科

机械工程、土木工程、化学工程、电子电气工程、会计与金融、计算机科学及信息系统、经济与计量经济学、教育培训、地球与海洋科学、生命科学、材料科学、数学、医学、化学、语言学。

入学要求

本科申请

申请者需要提供高中成绩单和日语能力证明。

硕士申请

申请者需要获得本科学士学位，并且通过日语能力考试。

加利福尼亚大学洛杉矶分校
University of California, Los Angeles

校训：Fiat Lux （愿知识之光普照大地）

学校信息

- **学校简称**：UCLA
- **建校时间**：1919 年
- **学校性质**：公立研究型
- **学校特色**：环太平洋大学联盟成员、国际公立大学论坛成员
- **地理位置**：美国加利福尼亚州洛杉矶市

历史沿革

1919 年：洛杉矶师范学院并入加州大学，成为其位于南加州的分校

1927 年：校董事会将南部分校命名为加州大学在洛杉矶的分校

1958 年：正式更名为加利福尼亚大学洛杉矶分校

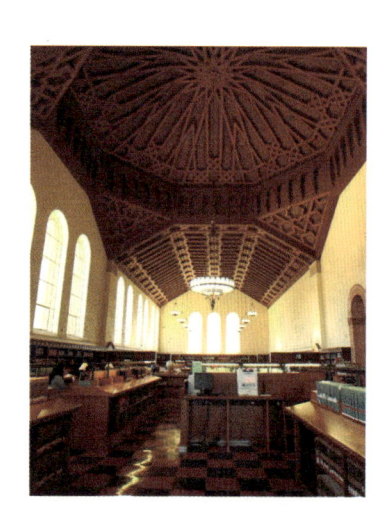

文化长廊

学科多元，知识无界

加利福尼亚大学洛杉矶分校是加利福尼亚大学系统中的第二所大学，与加利福尼亚大学伯克利分校齐名，是美国最好的公立大学之一。其校园面积广阔，拥有众多建筑，提供多个不同学科的学位，是培养尖端人才领域最广的大学之一。

知名校友

- **温顿·瑟夫（Vinton G. Cerf）**：美国国家科学院院士、美国国家工程院院士、美国艺术与科学院院士，图灵奖得主。
- **罗伯特·安森·海因莱因（Robert Anson Heinlein）**：著名科幻小说家，被誉为"美国现代科幻小说之父"，代表作有《星船伞兵》《星际迷航》等。

名校风采

划分南北，文理分明

加利福尼亚大学洛杉矶分校根据地理位置划分为北校园和南校园。北校园充满古韵古香，建筑多为意大利文艺复兴时代风格，是人文和社会科学的中心；而南校园的建筑则较为现代，主要集中在自然科学领域。这种布局不仅体现了UCLA的学科多样性，也为其独特的校园环境增添了一抹亮色。

专业聚焦

优势专业

社会科学、生物医学科学、计算机科学、工程、数学、护理、视觉、表演艺术。

入学要求

本科申请

申请者需要提供高中成绩单、高中毕业证书、TOEFL 或 IELTS 成绩。

硕士申请

申请者需要获得本科学士学位，并提供大学毕业证书、学位证书、TOEFL 或 IELTS 成绩。

麦吉尔大学
McGill University

校训：Grandescunt Aucta Labore （天道酬勤）

学校信息

学校简称：麦吉尔（McGill）

建校时间：1821 年

学校性质：公立研究型大学

学校特色：加拿大 U15 研究型大学联盟成员、美国大学协会成员

地理位置：加拿大魁北克省蒙特利尔市

历史沿革

1821 年： 英王乔治四世颁布了一项皇家宪章，以麦吉尔为名建立了一所学院

1829 年： 蒙特利尔总医院的教学部并入麦吉尔学院，学校改名为麦吉尔大学

2022 年： 入选英国政府"高潜力人才签证计划"

2020 年： 加入国际大学气候联盟

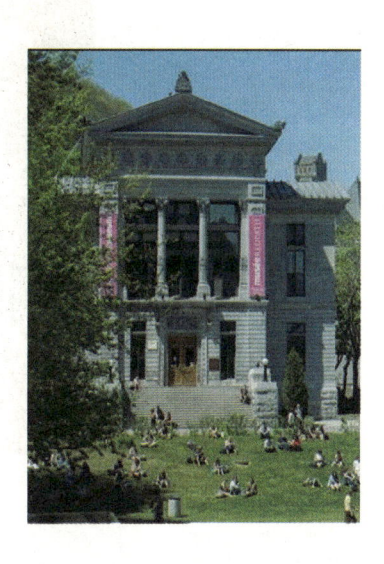

文化长廊

加拿大哈佛

麦吉尔大学始建于1821年，经过200多年的长足发展，已经成为蜚声全球的一流综合性大学，被誉为"加拿大哈佛"。

知名校友

- **傅承义**：地球物理学家，中国科学院院士，曾任中国科学院地学部常务委员。
- **威廉·奥斯勒（William Osler）**：临床医学家、医学教育家、医学活动家，现代医学奠基人之一。

名校风采

馆藏丰富，博物纷呈

麦吉尔大学有13座图书馆和4所专业图书馆，藏书600多万册，所订期刊超过1.7万种，微缩胶卷将近1300万张。学校仅各类博物馆就有7座，其中雷德帕斯博物馆是加拿大最早的自然科学博物馆之一，里曼昆虫博物馆名列世界五大昆虫馆之一。这些博物馆、图书馆中藏有大量珍贵文献、资料、画册与实物，另有具科研价值的动植物标本无数。

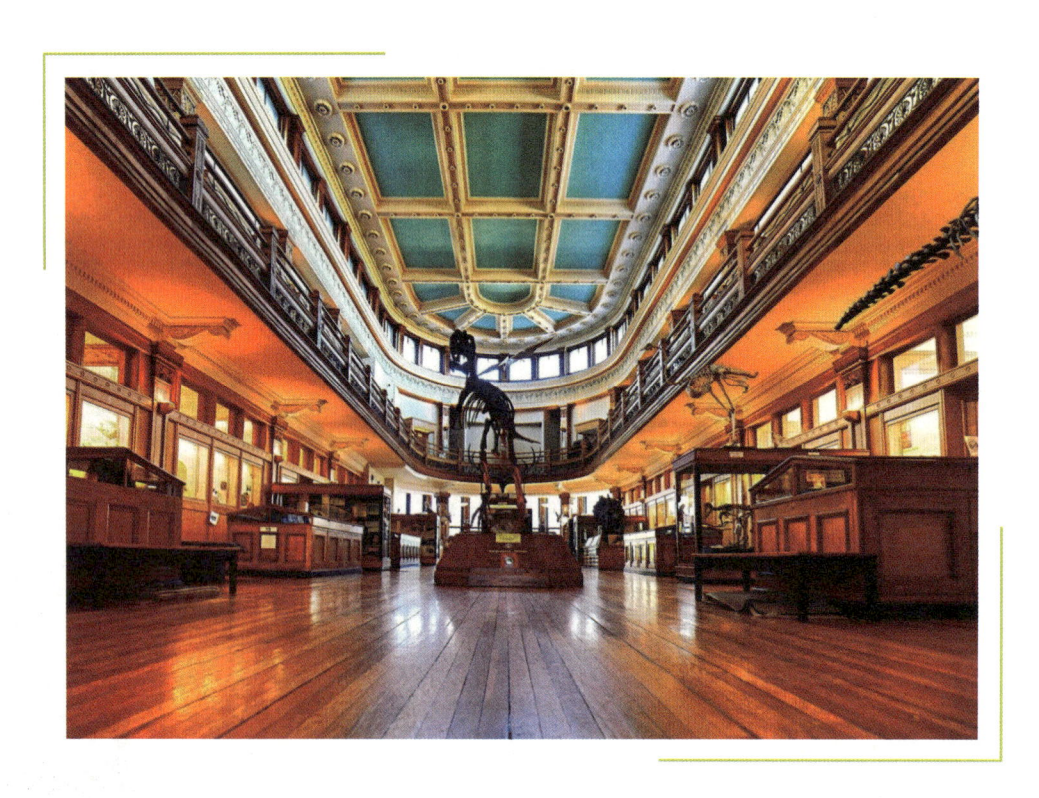

专业聚焦

优势学科

医学、文学、法学、工程、自然科学和农学。

入学要求

本科申请

申请者需要提供高中成绩单、高中毕业证书、TOEFL 或 IELTS 成绩、SAT 或 ACT 成绩。

硕士申请

申请者需要获得本科学士学位，并提供大学成绩单、TOEFL 或 IELTS 成绩。

曼彻斯特大学
The University of Manchester

校训：Cognitio, Sapientia, Humanitas （知识、睿智、人道）

学校信息

- **学校简称**：曼大（UoM）
- **建校时间**：1824 年
- **学校性质**：公立研究型大学
- **学校特色**：英国红砖大学、罗素大学集团成员
- **地理位置**：英国英格兰曼彻斯特市

历史沿革

1824 年：
曼彻斯特机械学院成立，后发展成为曼彻斯特理工大学

2004 年：
曼彻斯特维多利亚大学与曼彻斯特理工大学合并，组成曼彻斯特大学

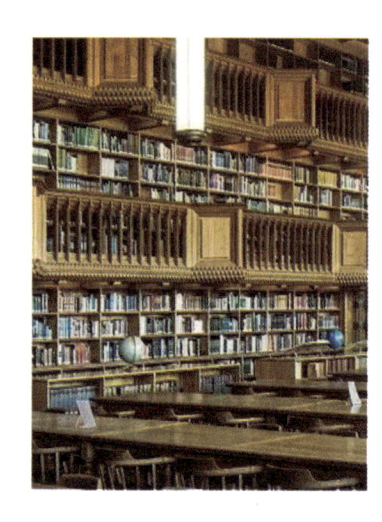

文化长廊

卓越成就，铸就辉煌

曼彻斯特大学是英国的六所红砖大学之一，亦为英国罗素大学集团的创始成员。世界上很多重大成就出自这里，如原子的分裂、世界上第一台可存储程序计算机的发明以及石墨烯的发现等。

知名校友

- **余瑞璜**：著名物理学家、教育家，中国科学院学部委员，吉林大学教授、博士生导师。
- **苏元复**：化学工程学家、教育家，《化工原理》的编译人员之一，它是中国编译的第一部中文化学工程教科书。
- **詹姆斯·查德威克（James Chadwick）**：物理学家，因发现中子而获诺贝尔物理学奖。

名校风采

最美图书馆：浩瀚书海，学术殿堂

曼彻斯特大学图书馆是全英第三大学术类图书馆，也是英国5个国家级研究型图书馆之一。曼大图书馆由主图书馆、学习共享空间及其他9个图书馆组成。其中，约翰·赖兰兹图书馆被广泛认为是世界上最美的图书馆之一。

专业聚焦

强项专业领域

商科、物理、化学、工程、材料、电子、计算机、生物、医学、制药、经济、数学、法律、戏剧、音乐等。

入学要求

本科申请

申请者需要重点高中毕业并且完成国际预科课程取得合格的成绩，还需要提供英语水平证明。

硕士申请

申请者需要获得本科学士学位并且GPA符合要求，还需要提供IELTS成绩。

密歇根大学
University of Michigan

校训：Artes, Scientia, Veritas （艺术、科学、真理）

学校信息
- 学校简称：UMich
- 建校时间：1817 年
- 学校性质：公立大学
- 学校特色：美国大学协会成员
- 地理位置：美国密歇根州安娜堡市

历史沿革
- 1817 年：在底特律成立
- 1837 年：迁至底特律市的卫星城安娜堡
- 1900 年：成为美洲大学协会的 14 个创会成员之一
- 1956 年：弗林特卫星校区建立

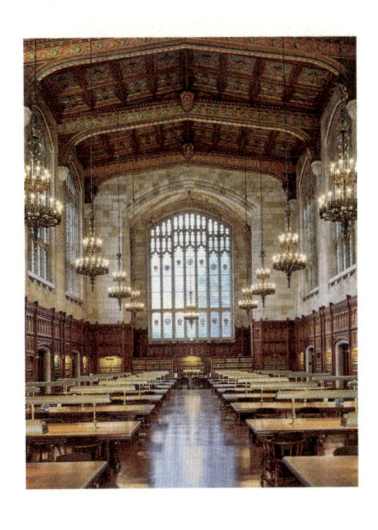

文化长廊

历史积淀，百年风华

密歇根大学拥有200多年的悠久历史，是美国公立大学的先驱之一，对科技发展和社会生活有着重要的贡献。在校园内，诸多19世纪的古老建筑展示了当时的建筑风格，同时也承载了学校深厚的历史底蕴。

知名校友

- 拉里·佩奇（Lawrence Edward Page）：Google公司的创始人之一。
- 罗伯特·希勒（Robert J. Shiller）：经济学家，2013年诺贝尔经济学奖得主，《纽约时报》畅销书作家和专栏撰稿人。

名校风采

校友遍布四海

密歇根大学的校友遍布世界各地，涉及各行各业。庞大的校友网络为学生提供了广阔的人际关系和就业机会，无论是在校期间还是毕业后，学生们都可以从校友网络中获取宝贵的资源和支持。

专业聚焦

强势专业

工科：航空航天工程、电子和计算机工程、机械工程、材料科学与工程等。

人文社科：教育管理、社会学、历史等。

医学：家庭医学、公共卫生、药学、牙医学等。

入学要求

本科申请

申请者需要提供高中成绩单、TOEFL 或 IELTS 成绩、推荐信等材料。

硕士申请

申请者需要获得本科学士学位，并且提供 TOEFL 或 IELTS 成绩、个人简历、推荐信等材料。

澳大利亚国立大学
The Australian National University

校训：Naturam Primum Cognoscere Rerum （从认清事物的本质开始）

学校信息

学校简称：ANU
建校时间：1946年
学校性质：公立研究型
学校特色：环太平洋大学联盟成员、澳大利亚八校联盟成员
地理位置：澳大利亚堪培拉

历史沿革

1946年：国会通过《澳大利亚国立大学法案》，创建澳大利亚国立大学，只招收研究生

1960年：堪培拉学院并入，开始招收本科学生

2001年：成立医学院

1979年：创立澳大利亚国立大学企业

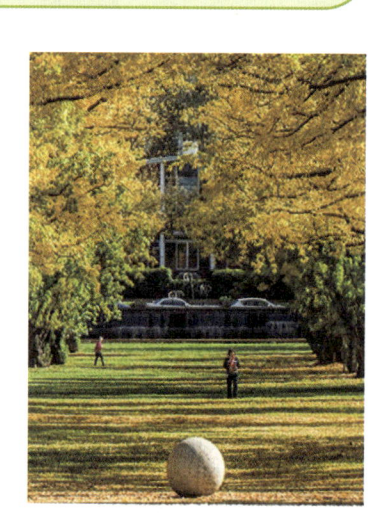

文化长廊

国立学府，成就非凡

澳大利亚国立大学是由澳大利亚联邦议会立法创立的、享有国立大学资格的学府，拥有藏书体系庞大的图书馆、超级计算机、赛丁泉天文台。世界第一支临床医用青霉素、光子瞬间转移技术也在这里诞生。

知名校友

- **黄益平**：经济学家，北京大学博雅特聘教授、北京大学国家发展研究院院长、北京大学数字金融研究中心主任。
- **霍华德·弗洛里**（Howard Walter Florey）：药理学家，诺贝尔生理学或医学奖获得者。

名校风采

如画校园

澳大利亚国立大学有花园般美丽的校园，校园里有超过10000棵树木，四周被国家自然保护区、伯利格里芬湖和市中心区环抱。

专业聚焦

多个专业排名靠前

在大洋洲排名第一的学科包括哲学、政治与国际研究、人类学、历史学、地理学。

在大洋洲排名第二的学科包括精算学、法学、计算机科学、统计与运筹。

入学要求

本科申请

申请者需要高中毕业，GPA达到申请专业的要求，还需要提供IELTS成绩。

硕士申请

申请者需要获得本科学士学位，并提供大学成绩单、IELTS成绩。

不列颠哥伦比亚大学
The University of British Columbia

校训：Tuum Est （事在人为）

学校信息

- 学校简称：UBC
- 建校时间：1915 年
- 学校性质：公立研究型
- 学校特色：加拿大 U15 研究型大学联盟成员、英联邦大学协会成员
- 地理位置：加拿大不列颠哥伦比亚省温哥华市

历史沿革

- 1915 年：成为独立的不列颠哥伦比亚大学（之前为麦吉尔大学的分校）
- 2000 年：主办第 4 届环太平洋大学联盟校长级年会
- 2005 年：奥卡纳干大学学院并入
- 2023 年：成为美国—加拿大气候适应性西部互联电网中心学术成员

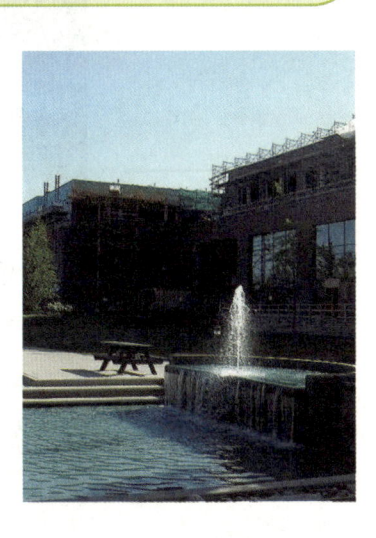

文化长廊

百年风华,铸就卓越历史文化

不列颠哥伦比亚大学前身可以追溯到麦吉尔大学不列颠哥伦比亚分校,1915年成为一所独立大学。这一变革标志着不列颠哥伦比亚大学正式成为加拿大高等教育体系中的一颗璀璨明珠。在百余年的发展历程中,不列颠哥伦比亚大学逐渐壮大,建立了一系列优秀的学院和研究中心,涵盖了自然科学、社会科学、人文艺术等多个学科领域,产生了众多具有国际影响力的科研成果和学术突破。

知名校友

- **周福霖**:工程结构与地震工程专家,中国工程院院士。
- **迈克尔·史密斯(Michael Smith)**:化学家,曾获诺贝尔化学奖。
- **罗伯特·蒙代尔(Robert A. Mundell)**:诺贝尔经济学奖获得者,被誉为"欧元之父"。

名校风采

最美校园

不列颠哥伦比亚大学坐落于加拿大西海岸美丽的花园城市温哥华西面的半岛上,依山傍海,风景秀丽,是北美最漂亮的校园之一。这里气候温和,风景秀丽,被认为是加拿大最理想的居住城市之一。

专业聚焦

强势专业

金融、会计、统计学、计算机、数学、心理学、经济学。

入学要求

本科申请

申请者需要高中毕业，并提供高中成绩单，TOEFL或IELTS成绩，SAT、ACT或A-level成绩。

硕士申请

申请者需要获得本科学士学位，并提供大学成绩单、TOEFL或IELTS成绩。

洛桑联邦理工学院
École Polytechnique Fédérale de Lausanne

学校信息

学校简称：EPFL

建校时间：1969 年

学校性质：公立研究型

学校特色：欧洲卓越理工大学联盟成员、全球大学校长论坛成员

地理位置：瑞士沃州洛桑

历史沿革

1853 年：创办洛桑特别学院

1869 年：成为洛桑大学的工程系

1890 年：工程系更名为洛桑大学工程学院

1946 年：更名为洛桑大学理工学院

1969 年：洛桑大学理工学院从洛桑大学独立，成为由瑞士联邦政府直接管理的大学，并更名为洛桑联邦理工学院

2008 年：洛桑联邦理工学院合并瑞士癌症临床研究中心

2022 年：入选英国"高潜力人才签证计划"和中国香港"高端人才通行证计划"目标院校名单

文化长廊　名校风采　专业聚焦

世界顶尖的理工殿堂

洛桑联邦理工学院自成立以来，一直致力于培养卓越的工程师和科学家，并在多个领域取得了显著的研究成果。如今，它已发展成为一所世界顶尖的理工大学，以其优秀的教学质量、创新的研究能力和卓越的国际声誉而著称。

教学与科研并重的卓越学府

洛桑联邦理工学院的教学和科研文化十分鲜明。学院设有七大院系，包括基础科学学院、工程学院、环境、建筑与土木工程学院、计算机通信学院、生命科学学院、技术管理学院以及人文学院，涵盖了广泛的学科领域。学院鼓励学科交叉，研究氛围浓厚，为师生提供了广阔的学术探索空间。同时，洛桑联邦理工学院在科研方面取得了显著的成果，为全球气候变化、人口老龄化等社会问题提供了专业创新的解决方案。

优势学科

计算机科学、工程类学科、建筑学、物理学、数学、生命科学、环境工程学、通信学。

入学要求

本科申请

申请者需要高中毕业，通过法语水平考试，并提供高中成绩单、TOEFL 或 IELTS 成绩。

硕士申请

申请者需要获得本科学士学位，通过法语水平考试，并提供大学成绩单、TOEFL 或 IELTS 成绩。部分专业需要提供 GRE 成绩。

慕尼黑工业大学
Technische Universität München

校训：At home in Bavaria, successful in the world

（立足于拜恩、成功于世界）

学校信息

- 学校简称：TUM
- 建校时间：1868 年
- 学校性质：公立研究型
- 学校特色：德国精英大学、TU9 成员
- 地理位置：德国拜恩州慕尼黑

历史沿革

- 1853 年：慕尼黑皇家拜仁工学院成立
- 1869 年：合并魏恩施蒂芬农业与酿造学院
- 2006 年：被评为德国官方首批 3 所"精英大学"之一
- 1970 年：更名为慕尼黑工业大学
- 2012 年：再次被评为德国"精英大学"
- 2019 年：第三次入选德国"精英大学"名单

第 21—40 名

文化长廊

德国精英大学的璀璨明珠

慕尼黑工业大学在国际上享有很高的声誉，常年排名德国大学榜首，被德国科研联合会（DFG）三度授予"精英大学"的称号，并得到了政府每年3000万欧元的科研资助。同时，它也是德国TU9联盟大学之一，并被德国政府列为"未来计划"中重点资助和扶植的对象。

知名校友

- **鲁道夫·穆斯堡尔（Rudolf Ludwig Mössbauer）**：物理学家，诺贝尔物理学奖获得者。
- **鲁道夫·狄塞尔（Rudolf Diesel）**：机械工程师，发明家，发明了人类历史上第一台柴油发动机。

名校风采

名人辈出

慕尼黑工业大学是欧洲顶尖研究型大学，是"流体力学之父"普朗特、"制冷机之父"林德、现代建筑奠基人瓦尔特、中国工程院院士徐惠彬、宝马公司董事长雷瑟夫等世界名人的母校。

专业聚焦

王牌专业

电气与电子工程、化学、物理学、材料科学。此外，还有计算科学与工程、金融与信息管理、软件工程、技术管理、应用数学、生物工程学、自动化、计算机科学、制造、建筑学、高分子材料科学、分子生物技术、原子技术、生态学等。

入学要求

本科申请

申请者需要提供高中毕业证书、高考成绩单、语言能力证明。

硕士申请

申请者需要提供学历证明、GRE 或 GMAT 成绩、推荐信、个人简历、语言能力证明等材料。

巴黎理工学院

Institut polytechnique de Paris

校训：Pour la patrie, les sciences et la gloire

（为了祖国、科学和荣耀）

学校信息

- **学校简称**：巴黎理工（IP-Paris）
- **建校时间**：1794 年
- **学校性质**：公立机构
- **学校特色**：法国最顶尖的工程师学院
- **地理位置**：法国巴黎

历史沿革

1794 年：中央公共工程学院成立

1795 年：学校更名为综合理工学院

1805 年：拿破仑将其变成一所军事学院，并赐予校旗和校训

2019 年：巴黎综合理工学院、国立高等先进技术学院、国立统计与经济管理学院、巴黎高等电信学院、南巴黎电信学院合并成巴黎理工学院

文化长廊　名校风采　专业聚焦

五大精英工程师学院之集萃

巴黎理工学院汇聚了巴黎最著名的5所工程师学院：巴黎综合理工学院、国立高等先进技术学院、国立统计与经济管理学院、巴黎高等电信学院、南巴黎电信学院。巴黎理工学院提供前沿的研究和培训计划，研究围绕5个优先领域进行：能源与气候变化、安全、数字、技术、健康。

塑造卓越工程师，开启高薪之旅

学生能够在巴黎理工学院接受法国顶尖的工程教育，毕业获得工程师文凭后可选择高级专业职位，薪水常达到较高水平，且晋升较快，不少大企业都把巴黎理工毕业生作为重点培养对象，一般工作一年就可获得晋升。

第21—40名

巴黎综合理工学院

生物学、化学、信息学、数学、机械学、物理学、人文科学和社会学。

国立高等先进技术学院

应用数学、机械工程、计算机科学与系统工程、化学与化学工程、应用光学和应用经济学。

国立统计与经济管理学院

金融市场、精算、风险管理、经济预测与经济政策、市场分析与公司金融、计量方法与社会科学。

巴黎高等电信学院

图像、随机建模与科学计算、无线计算机网络与系统、人机交互与3D图形、随机过程与计算科学、计算机网络、信号与数字信息的建模与应用、代数编码加密与量子、数据科学。

南巴黎电信学院

法学、工学、管理学、理学、文学、医学。

入学要求

本科申请

申请者需要提供符合学校要求的语言成绩证明、高中毕业证书与成绩单、个人申请研修计划书或动机信、学术推荐信等相关材料。

硕士申请

申请者需要提供符合学校要求的语言成绩证明（成绩有效期需在两年内），高中毕业证书与成绩单，大学本科的毕业证、学位证与成绩单，个人申请研修计划书或动机信，学术推荐信等相关材料。

纽约大学
New York University

校训：Perstare et praestare （坚持和超越）

学校信息

- **学校简称：** 纽大（NYU）
- **建校时间：** 1831年
- **学校性质：** 私立研究型
- **学校特色：** 新常春藤名校、美国大学协会成员
- **地理位置：** 美国纽约州纽约市

历史沿革

- **1831年：** 建立纽约市大学
- **1896年：** 更名为纽约大学
- **2008年：** 纽约理工大学并入纽约大学
- **2010年：** 纽约大学阿布扎比分校建成并开始招生
- **2013年：** 上海纽约大学开始招生

文化长廊

自由学术，创新研究之路

纽约大学的发展始终强调自由学术和学术自主，注重培养创新精神和批判性思维。起初，学校只有一所学院，即文理学院，但随着时间的推移，学校逐渐增设了法学院、商学院、医学院等多个学院。如今，纽约大学已拥有众多世界级的学院和研究机构，吸引了全球的学生和教师前来学习和研究。

知名校友

- **埃里克·坎德尔（Eric Kandel）**：神经科学家，诺贝尔生理学或医学奖获得者。
- **格特鲁德·B.埃利安（Gertrude B. Elion）**：生化学家和药理学家，诺贝尔生理学或医学奖获得者。

名校风采

学以致用

纽约大学的特色是偏重理论与实务结合，旨在培养学生将所学所长应用于未来的生涯中，以面对社会的激烈竞争及挑战。纽约市的大部分资源均能被学校所用，如博物馆、画廊、音乐厅等。纽约市也提供了许多实习及工作的机会，让大多数学生在学习生涯中可以得到宝贵的工作经验，发挥学以致用的精神。

专业聚焦

优势专业

金融学、美术学、新闻学、法语、运筹学、财务金融学、市场学、会计学、俄语、工商管理，经济学、工业心理学、计算机科学、英语、临床心理学、语言学、社会学、古典文学、德语、物理学、生物化学、人类学等。

入学要求

本科申请

申请者需要提供高中成绩单、TOEFL或IELTS成绩、SAT或ACT成绩。

硕士申请

申请者需要提供TOEFL或IELTS成绩、个人简历、大学成绩单、推荐信等材料。

伦敦国王学院
King's College London

校训：Sancte et Sapienter （圣洁与智慧）

学校信息

学校简称：KCL

建校时间：1829 年

学校性质：公立研究型

学校特色：伦敦大学成员、金三角名校、罗素大学集团成员

地理位置：英国英格兰伦敦

历史沿革

1829 年：
创立伦敦国王学院

1985 年：
合并伊丽莎白女王学院、切尔西科学技术学院

1998 年：
合并盖伊及圣托马斯医院联合医学和牙医学院、南丁格尔护理学和助产教育学院

1997 年：
合并伦敦精神病学研究院

2020 年：
加入国际大学气候联盟

文化长廊

历史发展之路，变革与辉煌并行

伦敦国王学院起初是一所传统的英格兰教会管理的大学学院，神学系和战争系等特色学科的设立，使得学院在学术界独树一帜。在第二次世界大战期间，伦敦国王学院的部分校区迁至英国布里斯托。战后，学院开始了大规模的重建和合并工作，逐渐恢复了往日的辉煌。如今，伦敦国王学院已成为一所世界顶尖的综合性研究型大学之一，在医学、法律、政治、历史、文学等多个领域都享有盛誉。

知名校友

- **彼得·希格斯（Peter Higgs）**：物理学家，诺贝尔物理学奖获得者。
- **约翰·济慈（John Keats）**：19世纪著名诗人，代表作有《秋颂》《伊莎贝拉》《圣艾格尼丝之夜》等。

名校风采

建筑瑰宝展现历史之美

伦敦国王学院礼拜堂由建筑师罗伯特·斯默克设计，1831年完成，为一级保护建筑。

河岸街罗马浴场位于国王学院建筑群内，是18世纪末的公众浴场。

盖伊礼拜堂是盖伊医院中最古老的建筑之一，于1780年建成。

专业聚焦

世界排名前列的专业

护理学、牙医学、哲学、药剂与药理学、英语语言和文学、历史学、政治学、法律与法律研究、神学、医学、生命科学与医学、心理学、解剖和生理学、古典文学与古代史、人文与艺术、传媒学、教育学、地理学等。

入学要求

本科申请

申请者若高中毕业只能申请预科课程，国内大一课程完成后可申请本科课程。需要提供TOEFL或IELTS成绩。部分专业需要其他考试成绩。

硕士申请

申请者需要国内双一流大学本科毕业，GPA满足要求。需要提供TOEFL或IELTS成绩。

第41—60名

首尔大学
蒙纳士大学
昆士兰大学
浙江大学
伦敦政治经济学院
京都大学
代尔夫特理工大学
西北大学
香港中文大学
复旦大学
上海交通大学
卡内基梅隆大学
阿姆斯特丹大学
布里斯托大学
韩国科学技术院
杜克大学
路德维希－马克西米利安－慕尼黑大学
得克萨斯大学奥斯汀分校
巴黎索邦大学
香港科技大学

首尔大学
Seoul National University

校训：Veritas lux mea（真理是我的光明）

学校信息

- **学校简称：** 首尔大（SNU）
- **建校时间：** 1946 年
- **学校性质：** 公立研究型
- **学校特色：** 韩国 BK21 工程卓越高校、亚洲大学联盟成员
- **地理位置：** 韩国首尔

历史沿革

- **1946 年：** 合并首尔附近 10 间学校，成立首尔大学
- **1998 年：** 主办第 2 届环太平洋大学联盟校长级年会

文化长廊

历史积淀铸名校

首尔大学经过近80年的发展，已经成长为世界综合排名前100位的高等学府。自建校以来，首尔大学一直致力于推动韩国的教育事业和国家发展，培养了大量的专业人才。同时，首尔大学也积极进行大量的改革和扩张，增加了自然科学和社会科学的研究生课程，扩大了国际招生计划，促进了学术研究和创新。

知名校友

- **金泳三**：韩国第14届总统。
- **金钟泌**：韩国第11、第31届国务总理。
- **李海瓒**：韩国第36届国务总理。

名校风采

绿意盎然，绘学府新篇

首尔大学的校园环境非常优美，树木葱茏，干净整洁，是一所真正的绿色校园。学校内保留了大量历史建筑和文化遗产，如汉城时代的坛城，为学生提供了丰富的历史学习机会。

第 41—60 名

专业聚焦

世界排名前列的专业

社会科学、工科科学、公共政策与管理、传媒学、材料学、药剂学、牙医学、化工学、电子工程学、机械工程学等。

入学要求

本科申请

申请者需要高中毕业并且提供语言成绩（英语或韩语皆可）。

硕士申请

申请者需要提供本科毕业证及学位证、韩语成绩或英语成绩（TOEFL 或 IELTS）、大学成绩单。

第 41—60 名

蒙纳士大学
Monash University

校训：Ancorā impāro （求知不倦）

学校信息

学校简称：Monash
建校时间：1958 年
学校性质：公立研究型
学校特色：澳大利亚八校联盟、环太平洋大学联盟、国际大学气候联盟与英联邦大学协会成员
地理位置：澳大利亚维多利亚州墨尔本市

历史沿革

1958 年：澳大利亚联邦政府通过议会法案宣布成立蒙纳士大学

1961 年：第一批学生进入克莱顿校区开始学习

1990 年：奇泽姆研究所、吉普斯兰校区并入蒙纳士大学

1998 年：马来西亚蒙纳士大学成立

1994 年：建立伯威克校区

1999 年：成为澳大利亚八校联盟的创始成员

2020 年：与南京大学等高校成立国际大学气候联盟

127

文化长廊

历史铸辉煌，合作启新篇

蒙纳士大学于1958年建立，过去的几十年里，蒙纳士大学在科研领域取得了举世瞩目的成就。例如，蒙纳士的科研团队成功孕育了世界上第一例试管婴儿，成功合成了世界上第一例抗病毒流感药物。与此同时，蒙纳士大学也积极拓展其国际影响力。如今，蒙纳士大学已经在中国、马来西亚、意大利和印度等国家和地区建立了分校，并与全球超过150个国际高校建立了合作伙伴关系，成为真正意义上的全球化大学。

名校风采

种下牛顿苹果树

蒙纳士大学第一任校长在克莱顿校区种下了牛顿苹果树，这是从大家熟知的牛顿苹果树上分枝、移栽，运输到澳大利亚之后种植在蒙纳士校园里的。也是南半球唯一从英国原树上分枝并再次栽种的成树。

专业聚焦

世界排名前列的专业

药剂与药理学、护理学、教育学、酒店与休闲管理学、会计与金融、解剖学与生理学、神学、神性与宗教研究、法律与法律研究学、化学工程、生命科学与医学、发展研究学、土木与结构工程学、医学、社会科学与管理学、社会学等。

入学要求

本科申请

申请者可通过高考成绩申请,也可以先读预科,预科成绩合格后可升入本科就读。

硕士申请

申请者需要提供本科毕业证及学位证、TOEFL 或 IELTS 成绩、大学成绩单。

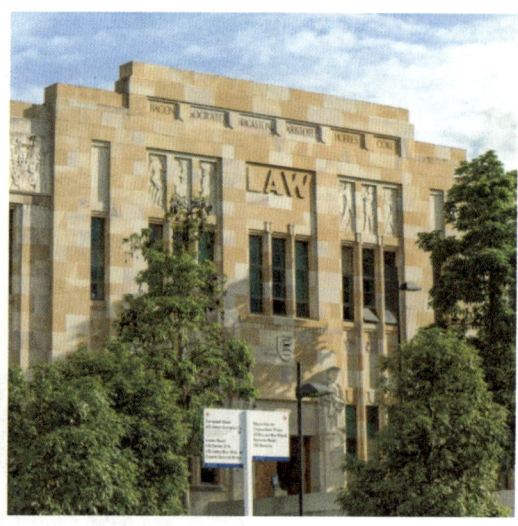

昆士兰大学
The University of Queensland

校训：Scientia ac Labore （倚靠学识暨勤勉）

学校信息

- 学校简称：昆大（UQ）
- 建校时间：1909 年
- 学校性质：公立研究型
- 学校特色：澳大利亚六所砂岩学府之一、澳大利亚八校联盟成员
- 地理位置：澳大利亚昆士兰州布里斯班市

历史沿革

- 1909 年：创建昆士兰大学
- 1911 年：录取了 83 个学生并开始授课
- 1990 年：成立昆士兰农业学院
- 1927 年：创建圣·卢西亚校区
- 2013 年：加入 edX——世界领先的大规模开放在线课堂平台

文化长廊

澳大利亚顶尖研究型大学的卓越之路

昆士兰大学是澳大利亚"八大名校"之一，也是世界上顶尖的研究型大学之一。它始建于1909年，是昆士兰州的第一所综合型大学，其办学理念是在全球范围内提供高质量的教育和研究机会，以培养聪明并具备批判性思维、创新思维和领导能力的毕业生。

知名校友

- **马丁·格林（Martin Green）**：太阳能领域的权威人士，被誉为"太阳能之父"。
- **彼得·杜赫提（Peter C. Doherty）**：澳大利亚外科兽医和医学科研人员，法国国家医学科学院外籍院士，诺贝尔生理学或医学奖获得者。

名校风采

大洋洲最美校园

昆士兰大学的主校区圣·卢西亚校区位于布里斯班河畔，校区内古老的砂岩建筑、现代化建筑、绿地和湖泊融合在一起，充满生机和活力。

专业聚焦

世界排名前列的专业

运动科学、矿物与采矿工程、教育学、生物和临床医学、应用生物学、工程学、生物学、环境科学、化学、物理、经济学、法学、历史和考古学、应用科学、数学、哲学和宗教研究、语言和文化研究、建筑环境与设计、心理学、人类社会研究、公共卫生、商学、管理学、服务和旅游等。

入学要求

本科申请

申请者需要提供TOEFL或IELTS成绩、高中成绩单，部分专业有其他考试成绩要求。

硕士申请

申请者需要提供本科毕业证及学位证、TOEFL或IELTS成绩、大学成绩单。

浙江大学
Zhejiang University

校训：求是创新

第 41—60 名

学校信息

学校简称：浙大

建校时间：1897 年

学校性质：公立大学

学校特色："双一流""211 工程""985 工程"

地理位置：中国浙江省杭州市

历史沿革

1897 年：创建求是书院

1928 年：定名为国立浙江大学

1937 年：受抗日战争影响，开始西迁

1995 年：成为首批"211 工程"建设高校之一

1952 年：院系调整，部分系科或调整到其他院校，或重组建校

1946 年：迁返杭州

1998 年：浙江大学、杭州大学、浙江农业大学、浙江医科大学合并，组建新的浙江大学

文化长廊

六边形高校

浙江大学拥有完备的学科体系和雄厚的师资力量，学科涵盖哲学、经济学、法学、教育学、文学、历史学、艺术学、理学、工学、农学、医学、管理学、交叉学科13个门类，设有7个学部、40个专业学院（系）、1个工程师学院、2个中外合作办学机构，以及7家直属附属医院。这种全面而深入的学科布局使得浙江大学在多个领域都拥有深厚的学术积淀和卓越的科研实力。

校长两问

竺可桢是中国近代地理学和气象学的奠基者，1936年担任浙江大学校长，历时13年。在竺可桢先生的带领下，浙江大学历经艰辛，成为国内著名大学之一。1936年，竺可桢先生在开学典礼上提出的经典问题"诸位在校，有两个问题应该自己问问：第一，到浙大来做什么？第二，将来毕业后要做什么样的人？"已经传承了80多年，成为浙江大学新生入学首要思考的问题。

名校风采

师资力量雄厚

截至2023年年底，浙江大学有全日制学生67656人、国际学生5514人、教职工9557人，教师中有中国科学院院士27人、中国工程院院士21人、文科资深教授14人。

专业聚焦

第二轮"双一流"建设学科

化学、生物学、生态学、机械工程、光学工程、材料科学与工程、动力工程及工程热物理、电气工程、控制科学与工程、计算机科学与技术、土木工程、农业工程、环境科学与工程、软件工程、园艺学、植物保护、基础医学、临床医学、药学、管理科学与工程、农林经济管理。

伦敦政治经济学院

The London School of Economics and Political Science

校训：Rerum cognoscere causas

（了解万物发生的缘故）

学校信息

学校简称：伦敦政经（LSE）

建校时间：1895 年

学校性质：公立研究型

学校特色：金三角名校、G5 超级精英大学

地理位置：英国英格兰伦敦

历史沿革

1895 年：
创立伦敦政治经济学院

1900 年：
伦敦政经加入伦敦大学，开始成为伦敦大学联盟的一部分

文化长廊

社会科学领域的顶尖学府

伦敦政治经济学院是一所位于英国伦敦的公立研究型大学,专注于社会科学研究,在政界、商界、学术界极负盛名,在社会科学领域始终位居世界第二(仅次于哈佛大学)、欧洲第一。

知名校友

- **龚祥瑞**:法学家、宪政学者,中国现代法学先驱之一。曾出版《比较宪法与行政法》《法与宪法近论》等著作。
- **威廉·阿瑟·刘易斯(William Arthur Lewis)**:著名经济学家,深入研究了发展中国家在发展经济中应特别考虑的问题,获诺贝尔经济学奖。

名校风采

国家级社科图书馆

伦敦政经的螺旋楼梯图书馆——英国政治经济图书馆始建于1896年,是全球最大的社科类图书馆之一,位于昂内尔·罗宾斯大楼内。作为英国国家级的社科类图书馆,其藏书具有很高价值,它还同时开设有特别国际研究藏馆,供每年超过15000名的校外读者使用。

第41—60名

专业聚焦

优势学科

伦敦政治经济学院的强项是社会科学、政治学、经济学和商科。

入学要求

本科申请

申请者需要提供A-Level或IB成绩、TOEFL或IELTS成绩。

硕士申请

申请者需要提供本科毕业证及学位证、TOEFL或IELTS成绩、大学成绩单,其中对大学GPA的要求视学校而定。

京都大学
Kyoto University

校训：自由的学风

学校信息

学校简称：京大

建校时间：1897 年

学校性质：公立大学

学校特色：旧帝国大学、指定国立大学

地理位置：日本京都

历史沿革

1897 年： 京都帝国大学成立

1947 年： 更名为京都大学

1949 年： 由三年制大学改组为四年制大学

1953 年： 研究生院制度成立，在文学、教育、法学、经济学、理学、药学、工学和农业研究科提供更系统的研究生教育

2004 年： 实施国立大学法人法，规定京都大学改组为国立大学法人

2017 年： 获选为首批顶尖大学"指定国立大学法人"

第 41—60 名

文化长廊

自由校风

京都大学推崇自由与自主的科研学习氛围，注重学生的个性化发展，主张学生在"自重自敬"的基础上追求个人目标。校内实行学生自治，这种"有志者致学，无志者尽兴"的学术氛围，也是京都大学历史文化的重要组成部分。

知名校友

- **汤川秀树**：物理学家，日本学士院院士，诺贝尔物理学奖获得者。
- **绫辻行人**：日本推理文学标志性人物之一，代表作有《怪胎》《十角馆事件》等，凭借《钟表馆事件》获得第45届日本推理作家协会奖。

名校风采

古典与现代交融的建筑之美

校园内的建筑风格独特，融合了日本传统的和风元素和现代的建筑设计理念，既有古朴的韵味，又不失现代的气息。此外，京都大学还拥有大量的历史建筑和文化遗产，如京都大学本部的主楼、图书馆等。

专业聚焦

优势专业

古典与古代历史、历史、现代语言、工程-石油、物理和天文学、化学、自然科学、地理、解剖学和生理学、法学、生物科学。

入学要求

本科申请

申请者需要提供高中毕业证、日语能力证明。

硕士申请

申请者需要提供本科毕业证及学位证、TOEFL或IELTS成绩、大学成绩单、日语能力证明等材料。

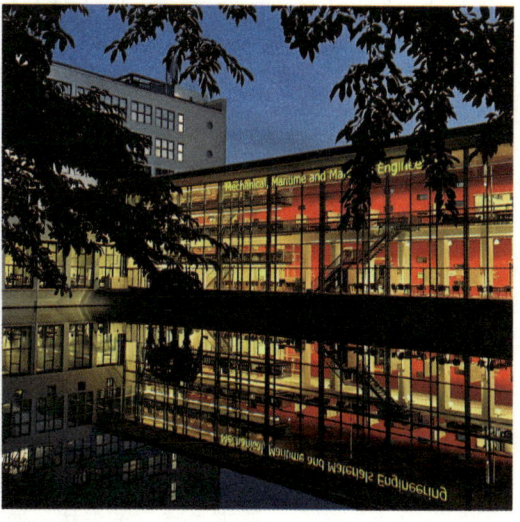

代尔夫特理工大学
Technische Universiteit Delft

校训：Challenge the Future （挑战未来）

学校信息

学校简称：代大（TU Delft）
建校时间：1842年
学校性质：公立大学
学校特色：IDEA联盟成员
地理位置：荷兰南荷兰省代尔夫特市

历史沿革

1842年：荷兰王国皇家学院成立

1864年：解散皇家学院，建立理工学校

1986年：更名为代尔夫特理工大学

第41—60名

文化长廊

工程教育与研究的世界领航者

代尔夫特理工大学是欧洲最大的理工大学之一。学校设有多个院系,包括机械与制造工程学院、电子电气工程系、土木与环境工程系、材料科学与工程学院、计算机系以及物理与天文系等,涵盖了广泛的工程科学领域。在工程类大学排名中,代尔夫特理工大学位居全球前列。

知名校友

代尔夫特理工大学共产生了4名诺贝尔奖得主,分别是1901年诺贝尔化学奖得主雅各布斯·亨里克斯·范托夫(Jacobus Henricus van't Hoff)、1913年诺贝尔物理学奖得主海克·卡末林·昂内斯(Heike Kamerlingh Onnes)、1984年诺贝尔物理学奖得主西蒙·范德梅尔(Simon van der Meer)和2010年诺贝尔物理学奖得主安德烈·海姆(Andre K. Geim)。

名校风采

工程精英的摇篮

代尔夫特理工大学与众多跨国巨头和知名研究机构保持密切联系与合作,如英特尔、微软、飞利浦、阿斯麦、壳牌、欧洲航天局、美国航空航天局、荷兰皇家航空公司等。这种紧密的合作关系为学生提供了丰富的实践机会,有助于他们将理论知识与实际应用相结合,从而使学校培养出高质量的毕业生。

专业聚焦

入学要求

优势学科

机械、航空航天与制造工程，土木与结构工程，建筑学，化学工程，电子电气工程，环境科学等。

本科申请

申请者可凭高考成绩申请，高考成绩需要达到重点大学录取分数线。

硕士申请

申请者需要提供本科毕业证及学位证、TOEFL 或 IELTS 成绩、大学成绩单、GRE 成绩、推荐信、个人简历等材料。

西北大学
Northwestern University

校训：Quaecumque sunt vera.（真理是永恒）

学校信息

- **学校简称：** NU
- **建校时间：** 1851 年
- **学校性质：** 私立大学
- **学校特色：** 美国大学协会成员、十大联盟创始成员
- **地理位置：** 美国伊利诺伊州埃文斯顿市

历史沿革

- **1851 年：** 创办西北大学
- **1855 年：** 正式运行
- **1873 年：** 埃文斯顿女子学院与西北大学合并
- **1920 年：** 建立芝加哥校区
- **1939 年：** 主办了全美大学体育协会第一次篮球冠军赛

文化长廊

卓越学术的典范学府

西北大学是十大联盟创始成员和美国大学协会成员，在《美国新闻与世界报道》《泰晤士高等教育》等主要教育刊物中，西北大学常年被评为全美前10名、世界前30名，是美国历史悠久的知名学府。

知名校友

▸ **乔治·雷蒙德·理查德·马丁（George Raymond Richard Martin）**：美国作家、编辑、电视剧编剧兼制片人，代表作品有《光逝》《图夫航行记》《冰与火之歌》等，被《时代》杂志誉为"美国的托尔金"和"新世纪的海明威"。

名校风采

多元文化交融的精英殿堂

西北大学以其国际化程度高而著称。学校拥有来自世界各地的师生，为学生提供了一个多元文化的学术环境。学校积极推动国际交流与合作，与众多国际知名高校和研究机构建立了合作关系，为学生提供了丰富的国际交流机会和国际化教育资源。

第 41—60 名

专业聚焦

优势专业

市场营销学、管理学、税法学、妇科学、材料工程学、土木工程学、工业与系统工程学、金融学、会计学、国际贸易学、物流管理学、争端仲裁学、庭审辩护学、内科学、机械工程学、化学工程学等。

入学要求

本科申请

申请者需要提供高中毕业证、高中成绩单、TOEFL 或 IELTS 成绩、SAT 或 ACT 成绩、推荐信等材料。

硕士申请

申请者需要提供本科毕业证及学位证、大学成绩单、TOEFL 或 IELTS 成绩、GRE 或 GMAT 成绩、推荐信等材料。

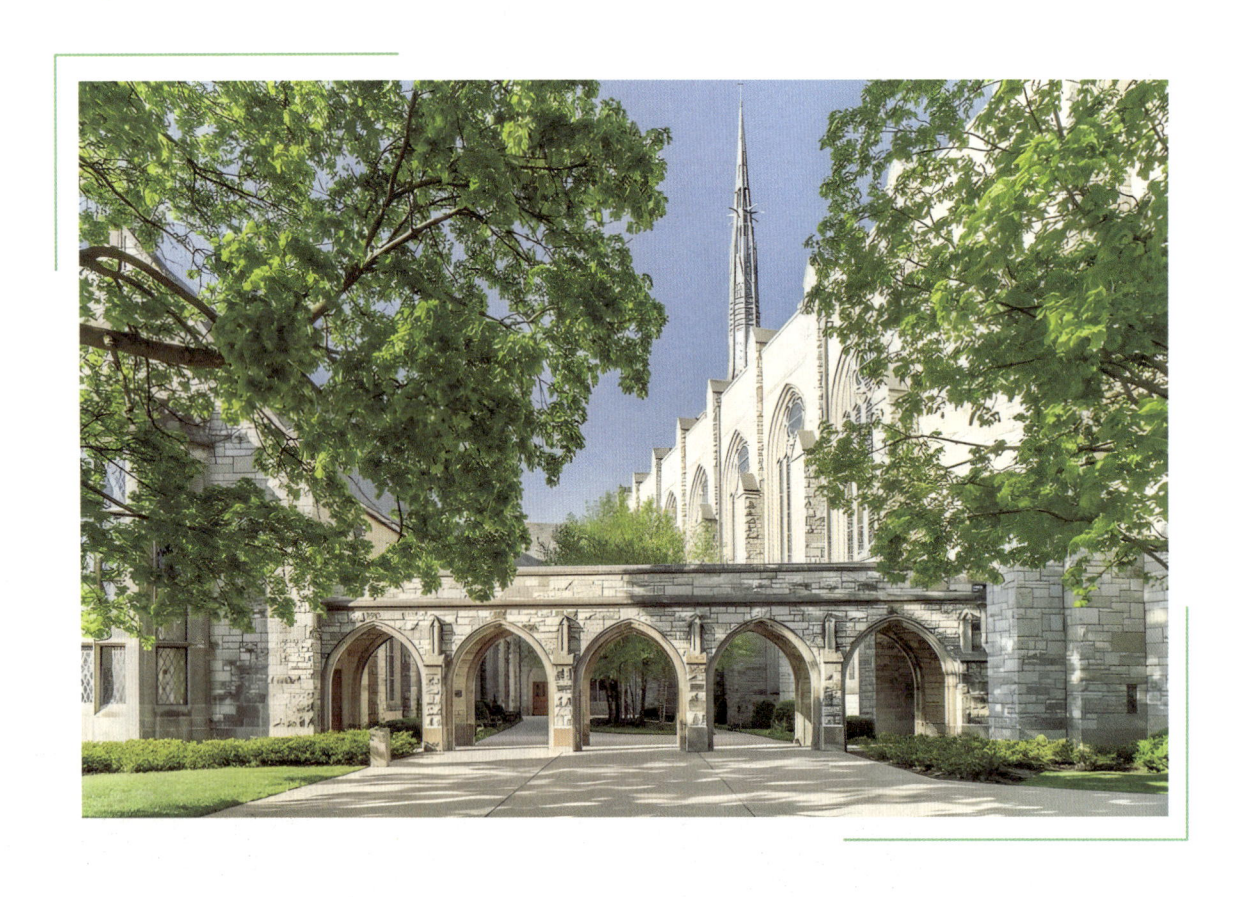

香港中文大学
The Chinese University of Hong Kong

校训：博文约礼

学校信息

学校简称：港中大（CUHK）

建校时间：1963 年

学校性质：公立大学

学校特色：环太平洋大学联盟成员、世界大学联盟成员

地理位置：中国香港

历史沿革

1963 年：新亚书院、崇基学院、联合书院合并成为香港中文大学

1964 年：首次颁授学士学位，定校训为"博文约礼"

1972 年：香港中文大学图书馆落成启用

1980 年：首办博士学位课程

1995 年：香港互联网交换中心于香港中文大学成立，成为全港互联网信息的核心

2005 年：开始通过全国普通高校统一招生计划招收内地本科生

2012 年：配合香港"3+3+4"学制改革，采用四年制本科课程

2014 年：教育部批准设立香港中文大学（深圳）

文化长廊

博文约礼，传扬中华文化

香港中文大学创校校长李卓敏在1978年颁授学位典礼上，曾解释大学命名为香港中文大学的原因，指出学校是传扬中国文化的大学。李卓敏认为"每一所大学都是沟通本国和外国文化的桥梁"。李卓敏指出，大学校训"博文约礼"中的第二个字——"文"，并不指狭义的文科，而是包括了一切学科，因此校训更强调了校名的真正意义。

知名校友

- **徐立之**：香港科学院院长、香港大学前校长、美国国家科学院外籍院士。
- **沈祖尧**：香港中文大学前校长、中国工程院院士。

名校风采

依山傍海，人文荟萃

香港中文大学面向吐露港，依山傍海，树木和鸟类繁多，人文气息浓郁，被誉为亚洲最美的大学校园之一。校园宜漫步宜健行，徜徉于其间，可远观飞鸟、近赏花树。校园内有清雅的荷塘、苍郁的老树、翠瓦丹柱的亭台、两侧树木成行的大道、幽静的庭院、芳馨袭人的中药园、著名的雕塑、得奖的建筑，以及其他或人工或天然的景物，使人应接不暇。

专业聚焦

世界排名前列的专业

传媒学、护理学、生物医学工程、通信工程、地理学、计算机科学及信息系统、医学、现代语言学、人工智能等。

复旦大学
Fudan University

校训：博学而笃志，切问而近思

学校信息

- **学校简称：** 复旦
- **建校时间：** 1905 年
- **学校性质：** 公立大学
- **学校特色：** "双一流""211 工程""985 工程"
- **地理位置：** 中国上海

第 41—60 名

历史沿革

- **1905 年：** 学校前身复旦公学创立
- **1917 年：** 更名为私立复旦大学
- **1978 年：** 再次被确定为全国重点高校
- **1994 年：** 入选国家"211 工程"建设高校
- **1999 年：** 成为"985 工程"首批建设高校之一
- **2000 年：** 与上海医科大学强强联合，组建新的复旦大学
- **2017 年：** 入选国家"双一流"建设高校
- **2022 年：** 入选第二轮"双一流"建设高校

文化长廊

日月光华，旦复旦兮

复旦大学拥有世界一流的办学声誉，全球声誉位居世界前50；在全国第五轮一级学科评估中建设成效显著提升。文、社、理、工、医五大学科门类均有较高国际声誉，位居世界前100。学校共有20个学科入选第二轮"双一流"建设学科，率先启动建设全国首个"交叉学科"门类一级学科——集成电路科学与工程。13个学科入选上海市高峰学科建设计划。学校致力于以最佳状态持续稳定奉献文明进步，积极落实17项联合国可持续发展目标，可持续发展综合影响力位居世界高校前列，并在SDG7（经济适用的清洁能源）和SDG8（体面工作和经济增长）等领域中获得全球公认的突出性成就。在教育部一流本科专业建设"双万计划"中，61个专业获批国家级一流本科专业建设点。

名校风采

校园活动

复旦大学现有文科馆等图书馆5座，校史馆、相辉堂等各类场地展馆6座，正大体育馆等各种体育场馆10余座，室外运动场面积共计160221平方米，拥有室内外篮球、排球、网球、羽毛球等项目场馆，配套设施齐全，能够为师生提供各种文体服务项目，为各类校园文体活动提供硬件支持，能够满足师生多样化的校园文体生活和活动需要。

书院生活

复旦大学目前有5个四年制住宿书院，分别以老校长的名或字命名，即志德书院、腾飞书院、克卿书院、任重书院和希德书院。书院按学校的住宿区域划分，物理空间相对独立，包括一个区域内的公寓和公共空间。书院内的住宿安排，基本按学科交叉和大类融合的原则。书院的功能，是全面发展的第二课堂，是实现文化育人的住宿园区，是师生共享的公共空间，是学生自我管理的教育平台。各书院院长由学校聘请资深教授担任。书院设有院务委员会，协助院长工作，书院内学生组建自我管理委员会，自主设立各职能委员会，履行自我管理、自我服务、自我教育的各项职能。学校充分尊重院长对书院的领导，尊重学生在书院管理和生活中的自主权，培养学生的自我管理能力。

专业聚焦

第二轮"双一流"建设学科

哲学、应用经济学、政治学、马克思主义理论、中国语言文学、外国语言文学、中国史、数学、物理学、化学、生物学、生态学、材料科学与工程、环境科学与工程、基础医学、临床医学、公共卫生与预防医学、中西医结合、药学、集成电路科学与工程。

一级学科国家重点学科

哲学、理论经济学、中国语言文学、新闻传播学、数学、物理学、化学、生物学、电子科学与技术、基础医学、中西医结合。

上海交通大学
Shanghai Jiao Tong University

校训：饮水思源，爱国荣校

学校信息

学校简称：上海交大

建校时间：1896 年

学校性质：公立大学

学校特色："双一流""211 工程""985 工程"

地理位置：中国上海

历史沿革

1896 年：前身为南洋公学

1912 年：更名为交通部上海工业专门学校

1937 年：更名为国立交通大学

1959 年：交通大学上海部分更名为上海交通大学

1999 年：上海农学院并入

2005 年：与上海第二医科大学合并

文化长廊

上海交通大学始终把人才培养作为办学的根本任务。100多年来，学校为国家和社会培养了逾40万各类优秀人才，包括一批杰出的政治家、科学家、社会活动家、实业家、工程技术专家和医学专家，如江泽民、陆定一、丁关根、汪道涵、钱学森、吴文俊、徐光宪、黄旭华、顾诵芬、张光斗、黄炎培、邵力子、李叔同、蔡锷、蔡元培、邹韬奋、严隽琪、陈敏章、王振义、陈竺等。在中国科学院、中国工程院院士中，有200余位上海交大校友；在国家23位"两弹一星"功臣中，有6位上海交大校友；在国家最高科学技术奖获得者中，有5位来自上海交大。

上海交大创造了中国近现代发展史上的诸多"第一"：中国最早的内燃机、最早的电机、最早的中文打字机等；新中国第一艘万吨轮、第一艘核潜艇、第一艘气垫船、第一艘水翼艇、自主设计的第一代战斗机、第一枚运载火箭、第一颗人造卫星、第一例心脏二尖瓣分离术、第一例成功移植同种原位肝手术、第一例成功抢救大面积烧伤病人手术、第一个大学翻译出版机构、数量第一的地方文献等，这些都凝聚着上海交大师生和校友的心血智慧。

名校风采

钱学森图书馆

钱学森是享誉海内外的杰出科学家和我国航天事业的奠基人，他的杰出贡献、感人事迹和崇高品格是我们国家和民族宝贵的精神财富。钱学森图书馆由国家投资兴建，于2011年12月11日钱学森诞辰百年之际在上海交通大学徐汇校区建成开馆。钱学森图书馆内收藏保存着超过6万件钱学森珍贵的文献、手稿、照片和实物，布置陈列着3000余平方米的"人民科学家钱学森"主题展览。

芳草鲜美，落英缤纷

学校的植物标本园坐落于图信大楼北侧，园中秋千院落、小桥流水，错落有致，不仅有机会观赏500余种植物，而且有机会邂逅可爱的小鸭和黑天鹅。

蔷薇园坐落于东区思源北路尽头，转化医学大楼南侧。西洋式修缮风格，与西侧的新行政楼的钟楼相得益彰。园中种有蔷薇、月季、玫瑰等花种，三四月份鲜花盛开时也是打卡的最佳时间。

专业聚焦

第二轮"双一流"建设学科

数学、物理学、化学、生物学、机械工程、材料科学与工程、电子科学与技术、信息与通信工程、控制科学与工程、计算机科学与技术、土木工程、化学工程与技术、船舶与海洋工程、基础医学、临床医学、口腔医学、药学、工商管理。

一级学科国家重点学科

船舶与海洋工程、机械工程、生物医学工程、力学、材料科学与工程、动力工程及工程热物理、控制科学与工程、计算机科学与技术、管理科学与工程。

卡内基梅隆大学
Carnegie Mellon University

校训：My heart is in the work （吾心于业）

第 41—60 名

学校信息
- 学校简称：CMU
- 建校时间：1900 年
- 学校性质：私立研究型
- 学校特色：全球大学校长论坛成员
- 地理位置：美国宾夕法尼亚州匹兹堡市

历史沿革

1900 年：
安德鲁·卡内基出资建设卡内基技术学院

1912 年：
改名为卡内基理工学院，转制以研究为主

1967 年：
两所学院合二为一，并取名卡内基梅隆大学

1917 年：
设立全美第一个戏剧学院

2005 年：
设立卡内基梅隆大学日本分校

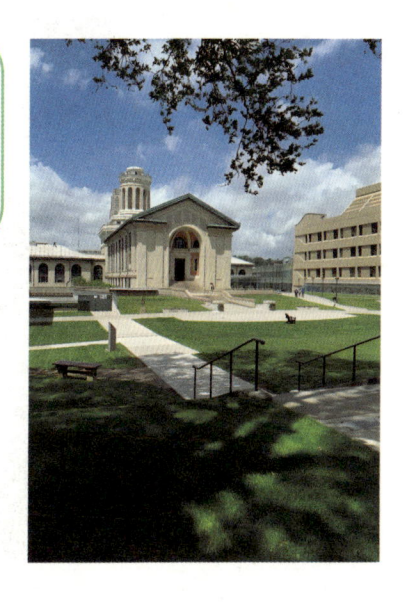

文化长廊

百年跨越至国际综合学府

在100多年的发展过程中，卡内基梅隆大学已从一所技术学院逐渐成为一所由8个学院组成的、有国际威望的综合性大学，且在世界各地设有合作研究机构，包括美国纽约、洛杉矶、华盛顿特区，以及中国、澳大利亚、葡萄牙、卢旺达等国家。

知名校友

- 约翰·纳什（John Nash）：著名数学家、经济学家，诺贝尔经济学奖获得者。
- 詹姆斯·高斯林（James Gosling）：Java编程语言的共同创始人之一，被誉为"Java之父"。

名校风采

艺术殿堂

卡内基梅隆大学娱乐中心的剧院和表演艺术中心会为同学们提供丰富多样的戏剧、音乐和舞蹈表演。同学们可以依据自己的喜好参与剧团、乐团和舞团。同时，剧院内设有先进的舞台、音响和灯光设备，提供良好的演出环境，每年都有多个剧目和音乐节目亮相，为学生们提供欣赏和参与的机会。卡内基梅隆大学娱乐中心的艺术中心拥有多个艺术工作室和展览空间，包括绘画、雕塑、摄影、陶艺……学生可以参加各种艺术课程和工作坊，发展自己的艺术潜能。艺术中心还展示学生的作品并举办艺术展览，为学生提供展示和交流的平台。

专业聚焦

热门专业

计算机工程、计算机科学、系统科学与理论、管理信息系统、电子工程、材料工程、机械工程、化学工程、人工智能、视觉传播与多媒体、工业设计等。

入学要求

本科申请

申请者需要高中毕业，并提供 TOEFL 或 IELTS 成绩。部分专业有其他课程要求。

硕士申请

申请者需要提供本科毕业证及学位证、大学成绩单、TOEFL 或 IELTS 成绩、推荐信等材料。

阿姆斯特丹大学
Universiteit van Amsterdam

校训：Fear cannot catch the opportunity

（胆怯者当不了命运的捕手）

学校信息

学校简称：UvA

建校时间：1632 年

学校性质：公立大学

学校特色：全球大学高研院联盟成员、欧洲研究型大学联盟成员

地理位置：荷兰阿姆斯特丹

历史沿革

1632 年：
学校前身为 Athenaeum Illustre

1815 年：
Athenaeum Illustre 被认可为高等教育机构

1877 年：
改名为阿姆斯特丹市立大学

1960 年：
由市立大学转为国立大学

1961 年：
改称为阿姆斯特丹大学

文化长廊

会聚全球英才的学术殿堂

阿姆斯特丹大学有着高质量的研究生和世界前沿的科学研究，该校注重国际化，和全球100多所名校建立了研究和交换生协议。合作的中国院校有清华大学、北京大学、上海交通大学、复旦大学、中国人民大学、厦门大学和西南财经大学等。在校园里，不乏来自中国名校乃至全世界著名大学的学生。

知名校友

▸ **吉多·范罗苏姆（Guido van Rossum）**：Python 程序设计语言的作者，被誉为"Python之父"。

名校风采

阿姆斯特丹大学博物馆

阿姆斯特丹大学博物馆拥有大量珍贵的藏品，例如来自古埃及、中东、古希腊和罗马帝国的文物。大学内还特别收藏了早期印刷的书籍、现代书籍的特别版本、手稿、地图等资料。

专业聚焦

优势专业

经济和商业、国际金融、MBA、商业研究、劳动与组织研究对比、计量经济学、美国研究、圣经和文化、荷兰艺术及欧洲文化背景、全球新闻学和媒体、医药人类学、国际关系、数学、欧洲传播研究、社会科学等。

入学要求

本科申请

申请者需要高中毕业，并提供高中成绩单、TOEFL或IELTS成绩。

硕士申请

申请者需要提供简历、推荐信、学术论文、GMAT成绩或GRE成绩。各专业的英语语言要求根据学院具体要求而定。

路德维希－马克西米利安－慕尼黑大学
Ludwig-Maximilians-Universität München

校训：真理和自由

学校信息

学校简称：慕尼黑大学（LMU）
建校时间：1472 年
学校性质：公立大学
学校特色：德国精英大学、德国 U15 大学联盟成员
地理位置：德国拜恩州慕尼黑市

历史沿革

- 1472 年：慕尼黑大学建立
- 1800 年：慕尼黑大学从英戈尔施塔特搬到兰加德
- 1945 年：慕尼黑大学遭受严重轰炸，当局关闭大学
- 1848 年：成立马克西米利安学院
- 1946 年：重新开放
- 2019 年：入选德国"精英大学"名单

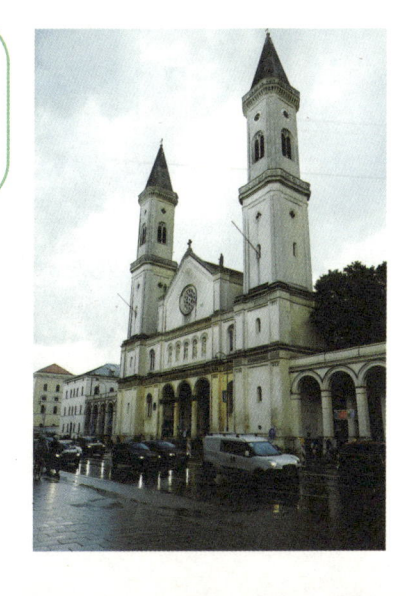

文化长廊

精英荟萃，科研卓越

慕尼黑大学是德国政府首批3所"精英大学"之一，在自然科学、生命科学、医学及人文科学等领域均享有国际盛誉。在学术方面，慕尼黑大学拥有很高的声誉。它拥有多个杰出的研究中心和研究所，如医学研究中心、量子科学研究中心和社会科学研究中心等。这些机构为学术研究提供了强大的支持，并在各个学科领域取得了卓越的研究成果。

知名校友

- **威廉·康拉德·伦琴（Wilhelm Conrad Röntgen）**：第一届诺贝尔物理学奖获得者，曾是慕尼黑大学物理学教授。
- **海因里希·鲁道夫·赫兹（Heinrich Rudolf Hertz）**：物理学家，首先证实了电磁波的存在。他对电磁学有很大的贡献，故频率的国际单位制单位以他的姓氏命名为赫兹。

名校风采

优雅学术环境与都市文化，魅力交融的校园

慕尼黑大学的校园环境非常优美，为学生提供了宁静而富有学术氛围的学习和生活空间。校园内绿树成荫，草坪宽阔，建筑古朴典雅，与现代化的教学设施交相辉映，无不散发着知识的气息。

专业聚焦

优势学科

物理学、兽医学、现代语言、生物学、医学、药学、法学、地理、化学、心理学、哲学、经济学等。

入学要求

本科申请

申请者需要高中毕业，并提供德语等级考试成绩。

硕士申请

申请者需要提供本科毕业证及学位证、大学成绩单、德语等级考试成绩、个人简历、推荐信等材料。

布里斯托大学
University of Bristol

校训：Vim promovet insitam （学以广才）

学校信息
- **学校简称**：布大
- **建校时间**：1876 年
- **学校性质**：公立大学
- **学校特色**：英国红砖大学
- **地理位置**：英国英格兰布里斯托市

历史沿革
- **1876 年**：布里斯托大学成立
- **2014 年**：布里斯托大学举办 2014 中英高等教育论坛
- **2020 年**：与南京大学等高校成立国际大学气候联盟

文化长廊

世界精英的摇篮

布里斯托大学始建于1876年，这所老牌名校以"学术卓越创新与独立前瞻性精神相结合"享誉全球，其科研实力在全英名列前茅。在世界各大排名中，布里斯托大学稳居英国前10强。目前，布里斯托大学约有2.3万名学生，其中包括来自130多个国家和地区的海外学生，是一所名副其实的国际顶尖大学。

知名校友

- 黄昆：物理学家，中国固体物理学和半导体物理学奠基人之一，中国科学院院士。
- 保罗·阿德里安·莫里斯·狄拉克（Paul Adrien Maurice Dirac）：理论物理学家，量子力学奠基者之一，诺贝尔物理学奖获得者。

名校风采

英国最美大学之一

布里斯托大学位于古城布里斯托市中心，哥特式的建筑位于两条热闹的街道的交界处，各院系则坐落在靠近风景如画的港口的山坡上。

第 41—60 名

专业聚焦

优势学科

医学、工程、经济学、会计学、艺术及社会科学类等。

入学要求

本科申请

申请者需要高中毕业，并且提供高中成绩单以及 TOEFL 或 IELTS 成绩。

硕士申请

申请者需要提供本科毕业证及学位证、大学成绩单、TOEFL 或 IELTS 成绩。

韩国科学技术院
Korea Advanced Institute of Science and Technology

校训：自由、创新、共生

学校信息

- **学校简称**：KAIST
- **建校时间**：1971 年
- **学校性质**：公立研究型
- **学校特色**：全球大学校长论坛成员、亚太管理学院联合会成员
- **地理位置**：韩国大田广域市

历史沿革

- **1971 年**：在韩国首尔建立韩国高等科学院（KAIS）
- **1980 年**：与韩国科学技术研究院（KIST）合并成立韩国科学技术院（KAIST）
- **1996 年**：建立韩国先进学习研究院
- **1989 年**：KAIST 合并韩国科技院，迁至韩国大田
- **1989 年**：KIST 与 KAIST 分拆，保留 KAIST 的名字
- **2008 年**：更名为 KAIST
- **2009 年**：合并信息通信大学，将其作为 KAIST 信息科技学院

文化长廊

高水平校园

韩国科学技术院拥有具备国际水准的教育、研发设施，实施学士、硕士和博士连读制度，采用教学和科研相结合的人才培养体制，培养了一大批具有较高理论知识和实际应用能力的高级人才，为韩国的技术和经济发展做出了重要贡献。

名校风采

产学研融合

韩国科学技术院既承担国家课题研究，同时也接受企业委托开发，与三星电子、现代电子、LG半导体、SK通信等多家著名企业建立了产学合作关系，根据企业需求从事课题共同研究和定向人才培养，所需经费由相关企业提供。虽然韩国科学技术院的历史不长，但是其毕业生活跃在韩国的三星电子、LG电子、现代汽车等很多大企业。

专业聚焦

优势学科

材料科学、化学、机械工程、化学工程、电子工程等。

入学要求

本科申请

申请者需要高中毕业，并且提供语言成绩（英语或韩语皆可）、SAT或ACT成绩。

硕士申请

申请者需要提供本科毕业证及学位证、大学成绩单、TOEFL或IELTS成绩、推荐信等材料。

杜克大学
Duke University

校训：Eruditio et Religio.（知识与信念）

第 41—60 名

学校信息

- **学校简称**：杜克（Duke）
- **建校时间**：1838 年
- **学校性质**：私立研究型
- **学校特色**：大西洋海岸联盟成员、美国大学协会成员
- **地理位置**：美国北卡罗来纳州达勒姆市

历史沿革

- **1838 年**：创建杜克大学
- **1841 年**：北卡罗来纳州授予学校作为联合学术机构的特权
- **1859 年**：更名为三一学院
- **1851 年**：学校改名为师范学院，隶属循道卫理教会
- **1924 年**：更名为杜克大学
- **2010 年**：杜克大学在中国江苏省昆山市开工建设昆山杜克大学

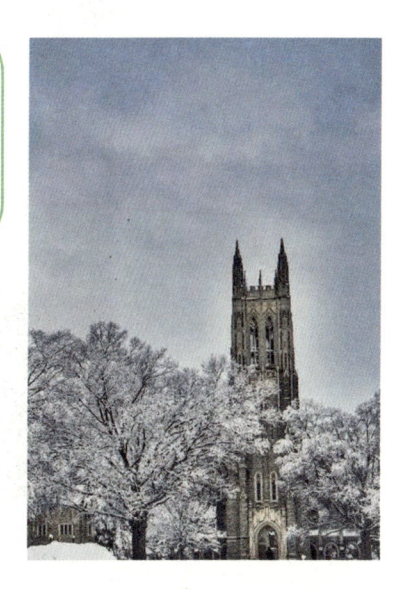

文化长廊

超越学术，塑造丰富多彩的人生体验

杜克大学的特别之处不仅在于对学术优异的追求，更包含体育和其他相关领域。杜克大学认为"杜克经历"远远不止于课堂授课，它会邀请学生们把脸涂成蓝色，为杜克男篮队加油助威，或者尝试其他一些从未经历过的活动。如果完成学业，杜克大学的众多职业发展项目可以帮助学生找到理想的工作，或者进一步深造。离校后，学生可以通过40多个国际校友会与其他杜克大学的毕业生进行联络。

知名校友

- **蒂姆·库克（Tim Cook）**：苹果公司首席执行官，清华大学经济管理学院顾问委员会主席。
- **约翰·科克（John Cocke）**：图灵奖获得者，美国国家科学院院士，美国国家工程院院士，美国艺术与科学院院士。

名校风采

杜克大教堂

大学的西校区建筑风格为哥特式，其中最著名的建筑是耗资230万美元的杜克大教堂。杜克大教堂可以容纳约1600人，为达勒姆市最高的建筑物之一。

专业聚焦

热门专业

政治学、公共政策、历史、化学、电子工程、生物医学工程等。

入学要求

本科申请

申请者需要提供高中成绩单、TOEFL 或 IELTS 成绩、推荐信等材料。

硕士申请

申请者需要提供本科毕业证及学位证、TOEFL 或 IELTS 成绩、个人简历、推荐信等材料。

得克萨斯大学奥斯汀分校
The University of Texas at Austin

校训：Disciplina praesidium civitatis

（理性的思维是民主的守卫者）

学校信息

学校简称： UT

建校时间： 1883年

学校性质： 公立研究型

学校特色： 公立常春藤、美国大学协会成员

地理位置： 美国得克萨斯州奥斯汀市

历史沿革

1883年：
得克萨斯大学奥斯汀分校开始上课

文化长廊

得克萨斯大学奥斯汀分校创建于1883年，是一所世界著名大学，也是美国大学协会最早的成员之一，在美国有着"公立常春藤"的美誉。是全美拥有前10名研究院、专业和课程最多的大学之一。

名校风采

得克萨斯大学奥斯汀分校以其开放的学术氛围、严谨的科研态度和创新的教学方法而闻名。学校注重培养学生的批判性思维、创新能力和实践能力，为他们提供了丰富的学术资源和实践机会。此外，学校还积极推动国际化教育，与全球众多知名大学和研究机构建立了紧密的合作关系，为学生提供了广阔的国际视野和交流平台。

专业聚焦

优势专业

计算机科学、会计学、企业管理学、信息系统、在职工商管理、生产管理、市场营销、金融等。

入学要求

本科申请

申请者需要提供高中成绩单、TOEFL或IELTS成绩、SAT成绩。

硕士申请

申请者需要提供本科毕业证及学位证、大学成绩单、TOEFL或IELTS成绩、GRE成绩、个人简历、推荐信等材料。

巴黎索邦大学
Sorbonne Université

校训：Créateurs de futurs depuis 1257（1257- 未来创造者）

学校信息

- **学校简称**：索邦（Sorbonne）
- **建校时间**：1257 年
- **学校性质**：公立大学
- **学校特色**：卓越大学计划、欧洲研究型大学联盟成员
- **地理位置**：法国巴黎

历史沿革

1257 年：
索邦神学院成立

2010 年：
巴黎第二大学、巴黎索邦大学和巴黎第六大学成立了 PRES 索邦大学协会

2018 年：
原巴黎第六大学与原巴黎第四大学合并为索邦大学

文化长廊

传承卓越的世界学府

索邦大学是一所位于法国巴黎的世界顶尖研究型大学,由原巴黎索邦大学(巴黎第四大学)和原皮埃尔和玛丽·居里大学(巴黎第六大学)于2018年1月合并而成。这所大学是法国卓越大学计划高校,也是欧洲研究型大学联盟、欧洲首都大学联盟和欧洲大学协会的成员。索邦大学是世界最古老的大学之一,被誉为"欧洲大学之母"。

知名校友

- **杨立昆**:Facebook首席人工智能科学家,纽约大学教授,图灵奖获得者。
- **玛丽·居里(Marie Curie)**:科学家、物理学家、化学家,诺贝尔物理学奖、诺贝尔化学奖获得者,世称"居里夫人"。

名校风采

古典与现代交融的卓越校园环境

索邦大学的校园环境融合了古典与现代的元素,既保留了欧洲大学的传统风貌,又注入了现代大学的活力与创新。校园内的建筑大都古朴典雅,充满艺术气息,体现了欧洲古典建筑的魅力。同时,校园内也配备了现代化的教学设施,如实验室、图书馆、多媒体教室等,以满足学生的学习需求。

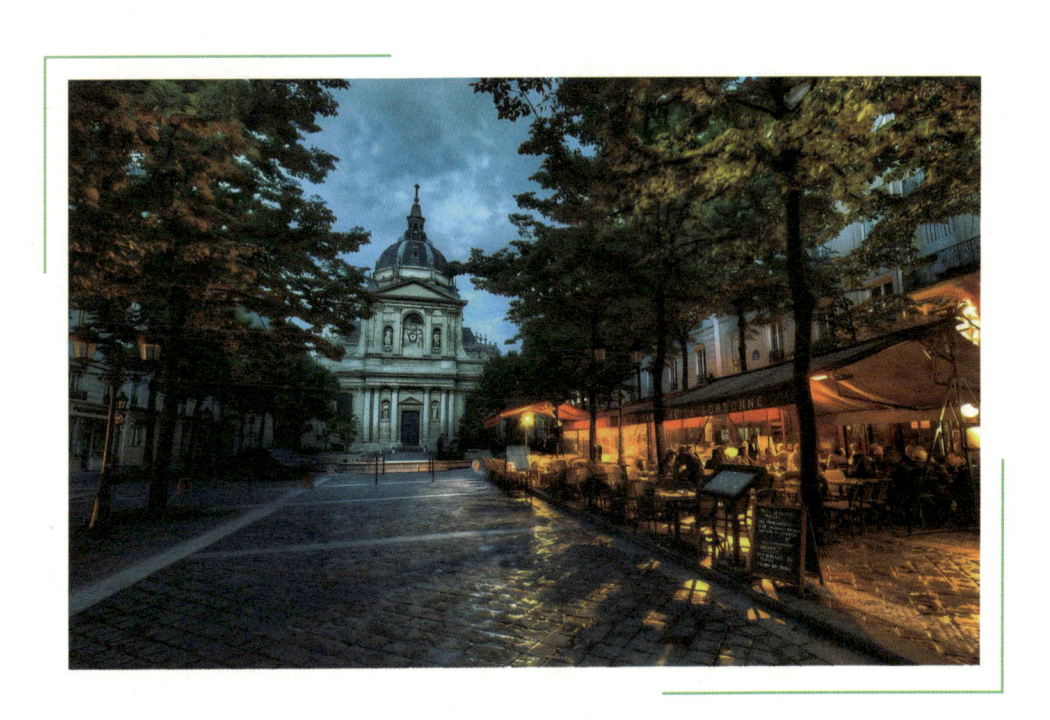

专业聚焦

索邦大学的人文社科尤为突出，如艺术、语言、人文和社会科学等，具有很高的教学质量。此外，索邦大学在数学、物理、工程和材料科学等领域也享有盛誉，特别是原巴黎六大的数学学科，排名世界领先。

入学要求

本科申请

申请者需要提供高中成绩单、法语能力证明。

硕士申请

申请者需要提供本科毕业证及学位证、大学成绩单以及法语能力证明。

香港科技大学
The Hong Kong University of Science and Technology

校训：求新，求进，创未来

第 41—60 名

学校信息

- 学校简称：HKUST
- 建校时间：1991 年
- 学校性质：综合类
- 学校特色：环太平洋大学协会成员、亚洲大学联盟成员
- 地理位置：中国香港

历史沿革

- 1986 年：香港科技大学筹备委员会成立
- 1991 年：香港科技大学举行开幕典礼
- 2007 年：香港科技大学霍英东研究院成立
- 2019 年：香港科技大学（广州）获批筹建

文化长廊

科技前沿

香港科技大学理学院目前的主要研究领域包括神经科学、干细胞研究、材料化学、环境化学、药物合成与开发、科学计算与数据科学、波功能材料、量子科学、海洋科学与技术等。学院拥有多个交叉学科的研究中心，促进不同学科间的合作。学院十分重视科研成果向产业的转化，与业界保持紧密联系。

知名校友

- **汪滔**：深圳市大疆创新科技有限公司创始人、董事长。

名校风采

工商并重

HKUST是环太平洋大学联盟、东亚研究型大学协会、亚洲大学联盟、中国大学校长联谊会重要成员，其工商管理学院是亚洲地区第一所同时获得AACSB（国际管理教育协会）及EQUIS（欧洲质量发展系统）认证的商学院，也是香港最著名及全面的商学院之一。2024 QS世界大学排名中，HKUST位列第60名。HKUST的优势专业主要是商科，在2023 QS世界大学学科排名中工科专业也独树一帜，世界排名为第43。

专业聚焦

舒适的住宿

HKUST 为本科生提供多种房型选择，包括单人、双人或三人间。所有卧室都配有齐全的家具和空调、浴室、卫生间、洗衣房，还可提供熨斗、熨衣板、吸尘器等工具。

宿舍楼内还设有打印机、自动售货机、公共休息室和食品储藏室。公共休息室供学生们在宿舍内见面与社交，内部提供电视、冰箱、微波炉、报纸和电话。食品储藏室配有水槽、饮水机、冰箱、微波炉和电锅炉，对厨艺感兴趣的同学可以在此露一手。

优势专业

工程学：电子工程、计算机工程、机械工程、生物医学工程、航空航天工程、环境工程、材料工程、系统工程等。

科学：物理学、化学、生物学、数学、统计学、地理学、天文学等。

商科：会计学、金融学、管理学、市场营销学、经济学、国际商务等。

人文学科：历史学、文学、语言学、哲学、心理学、社会学、新闻传播学等。

计算机科学：计算机科学、计算机系统、计算机网络、计算机软件、计算机图形学等。

法律：商法、知识产权法、国际法、经济法、社会法、行政法等。

世界大学城
轻松跨进世界名校 下册

木鱼 编著

光明日报出版社

图书在版编目（CIP）数据

世界大学城：轻松跨进世界名校.下册/木鱼编著.
北京：光明日报出版社，2024.6. -- ISBN 978-7-5194-8031-8

Ⅰ.G649.1

中国国家版本馆CIP数据核字第2024SC6694号

目录 CONTENTS

第 61—80 名

鲁汶大学 | 2
加利福尼亚大学圣迭戈分校 | 5
华盛顿大学 | 8
伊利诺伊大学厄巴纳-香槟分校 | 11
香港理工大学 | 14
马来亚大学 | 17
华威大学 | 20
奥克兰大学 | 23
香港城市大学 | 26
巴黎-萨克雷大学 | 29
西澳大学 | 31
布朗大学 | 34
KTH 瑞典皇家理工学院 | 37
利兹大学 | 40
格拉斯哥大学 | 43
延世大学 | 46
杜伦大学 | 49
高丽大学 | 52
大阪大学 | 55

第 81—100 名

都柏林圣三一大学 | 60
南安普敦大学 | 63
宾夕法尼亚州立大学 | 66
伯明翰大学 | 69
隆德大学 | 72
圣保罗大学 | 75
莫斯科国立米哈伊尔·瓦西里耶维奇·罗蒙诺索夫大学 | 78
鲁普莱希特-卡尔斯-海德堡大学 | 81
阿德莱德大学 | 84
悉尼科技大学 | 87
东京工业大学 | 90
苏黎世大学 | 93
波士顿大学 | 96

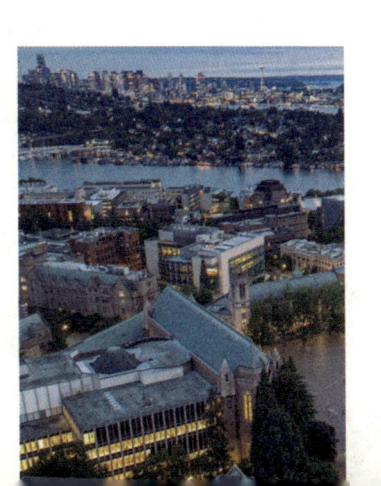

墨西哥国立自治大学 | 99
布宜诺斯艾利斯大学 | 101
圣安德鲁斯大学 | 104
佐治亚理工学院 | 106
柏林自由大学 | 109
普渡大学 | 112
浦项科技大学 | 115

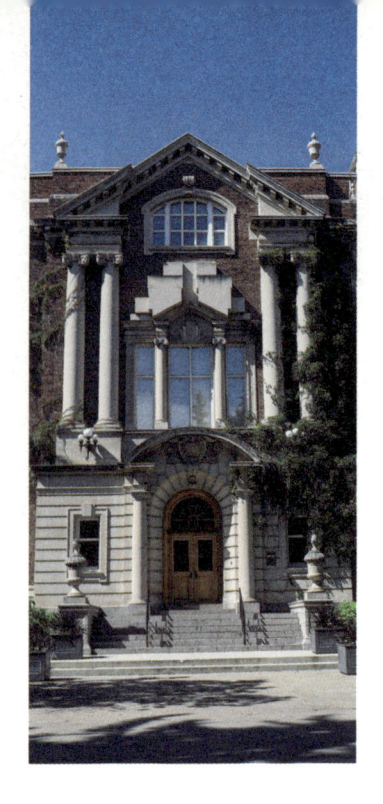

韦仕敦大学 | 152
赫尔辛基大学 | 155
南加州大学 | 157
奥斯陆大学 | 160
斯德哥尔摩大学 | 163
卡尔斯鲁厄理工学院 | 166
柏林洪堡大学 | 169

第 101—120 名

诺丁汉大学 | 120
威斯康星大学麦迪逊分校 | 123
智利天主教大学 | 125
谢菲尔德大学 | 127
乌普萨拉大学 | 129
亚琛工业大学 | 132
哥本哈根大学 | 134
乌得勒支大学 | 137
阿尔托大学 | 139
纽卡斯尔大学 | 141
阿尔伯塔大学 | 143
滑铁卢大学 | 146
东北大学（日本）| 149

第61—80名

鲁汶大学
加利福尼亚大学圣迭戈分校
华盛顿大学
伊利诺伊大学厄巴纳－香槟分校
香港理工大学
马来亚大学
华威大学
奥克兰大学
香港城市大学
巴黎－萨克雷大学
西澳大学
布朗大学
KTH瑞典皇家理工学院
利兹大学
格拉斯哥大学
延世大学
杜伦大学
高丽大学
大阪大学

鲁汶大学
Katholieke Universiteit Leuven

校训：Sedes Sapientiae （智慧之所在）

学校信息

学校简称： KU Leuven

建校时间： 1425 年

学校性质： 公立研究型

学校特色： 欧洲研究型大学联盟成员、欧洲大学协会成员

地理位置： 比利时鲁汶市和布鲁塞尔市

历史沿革

1425 年：
当时的教皇马丁五世（Pope Martin V）准许创建学校

1517 年：
伊拉斯谟创立三语学院，教授希伯来语、拉丁语和希腊语

1970 年：
鲁汶大学正式分为两所大学：荷语天主教鲁汶大学与法语天主教鲁汶大学

文化长廊

知名校友

- **翁文灏**：中国早期著名的地质学家，中国第一本《地质学讲义》的编写者，在中国地质学教育、矿产勘探、地震研究等多方面有着杰出的贡献。

- **安德烈·维萨里（Andreas Vesalius）**：著名解剖学家，近代人体解剖学的创始人。

名校风采

让你迷路

  KU Leuven最大特色之一是，既是大学之城，又是城中大学。来到这儿的不知底细的参观者往往看不出这是一所欧洲著名、历史悠久的综合性大学。初来乍到的学生有时根本区别不出哪里是大学教学楼，哪里是城镇办公机构，有时甚至会误入某个花园式的小酒楼。大学与整个城镇浑然一体，城镇就在大学内，大学就在城镇中。

浓郁的天主教格调

  KU Leuven的开学典礼很有特色，是与天主教有着关联的仪式。届时，校监以及大学的校长和身着因学院不同而镶嵌不同颜色花边的黑色教授长礼服、头戴礼帽的教授们，由大学礼堂游行至圣伯多禄教堂。沿路会有各种小号的吹奏，号手都身穿艳丽的传统服装。到达教堂后，由校监举行天主教的弥撒。

专业聚焦

优势专业

KU Leuven 顶级学科（世界排名前20）：神学与宗教研究、牙科与口腔医学、护理学、体育相关学科等。

KU Leuven 优势学科（世界排名前50）：社会政策与管理、食品科学与工程、心理学、药学与药理学、古典文学与古代史、建筑与建造环境、公共管理、化学工程、地理学、统计与运筹学、历史学、医学、法律与法律研究、图书情报科学、机械工程、电子电气工程、哲学、解剖学与生理学、临床医学、教育与培训、计算机科学与信息系统、材料科学、管理学等。

入学要求

本科申请

申请者需要提供高中毕业证、高中成绩单、TOEFL或IELTS成绩、个人简历、推荐信等材料。

硕士申请

申请者需要提供本科毕业证、学士学位证、大学成绩单、TOEFL或IELTS成绩、个人简历、推荐信等材料。

加利福尼亚大学圣迭戈分校
University of California San Diego

校训：Let there be light （让光明普照）

学校信息

- **学校简称：** UCSD
- **建校时间：** 1960 年
- **学校性质：** 公立研究型
- **学校特色：** 美国大学协会成员、环太平洋大学联盟成员
- **地理位置：** 美国加利福尼亚州圣迭戈市

第 61—80 名

历史沿革

1903 年： 前身是斯克利普斯海洋研究所

1960 年： 学校正式成立

1964 年： 学校招收第一批本科生

知名校友

- 卡勒德·胡赛尼（Khaled Hosseini）：著名作家，代表作有《灿烂千阳》《群山回唱》《追风筝的人》等。
- 哈罗德·克莱顿·尤里（Harold Clayton Urey）：化学家、物理学家，"氘"的发现者，诺贝尔化学奖获得者。

依据卡内基高等教育机构分级，UCSD为全美131所"最高学术产出"的学府之一，是所有加州大学中校区最大的学校，占地866万平方米。学校的学术声望非常高，被誉为"公立常春藤"之一，同时也是美国重要的学术联盟美国大学协会的成员。

优势专业

神经科学、海洋学、生物工程、生理学、药剂学、戏剧和舞蹈、遗传学、地质科学、人类学、生物化学和分子生物学、政治科学、计算机科学、电机、机械工程和航空工程。

入学要求

本科申请

申请者需要提供高中毕业证、高中成绩单、TOEFL 或 IELTS 成绩。

硕士申请

申请者需要提供本科毕业证、学士学位证、大学成绩单、TOEFL 或 IELTS 成绩。

华盛顿大学
University of Washington

校训：Lux sit （要有光）

学校信息

学校简称： UW

建校时间： 1861 年

学校性质： 公立研究型

学校特色： 美国大学协会成员、环太平洋大学联盟成员

地理位置： 美国华盛顿州西雅图市

历史沿革

1861 年： 华盛顿大学正式成立，但资金不足，生源短缺

1867 年： 学校迎来第一个毕业生

1895 年： 学校从市中心搬迁至新校区

2015 年： 华盛顿大学、清华大学和微软在西雅图联合创建了全球创新学院

文化长廊

科技前沿

2016年，华盛顿大学物理学教授戴维·索利斯（David J. Thouless）获得诺贝尔物理学奖，他发现了二维物理体系中的拓扑相变和拓扑量子物态。

知名校友

▸ **孟宪承**：中国现代著名教育家与教育理论家，华东师范大学首任校长。孟宪承一生出版著、编、译作数量颇丰，其代表作有《教育概论》《教育通论》《大学教育》《民众教育》《西洋古代教育》等，对我国的教育事业做出了重要的贡献。

名校风采

人才济济

UW自建校100余年来，创造了很多造福全人类的重大发明：乙肝疫苗、肾透析术，绘制了人类基因图谱，揭示了生命奥秘，设计了世界上最大的波音747客机、月球轨道飞船和哥伦比亚航天飞机。

学校还培养了11位太空宇航员，发明了乙烯合成橡胶技术，参与了NASA（美国国家航空航天局）宇宙飞船探月研究项目，开发了计算机DOS（磁盘操作系统）等。

华盛顿大学的教授中有20位诺贝尔奖、1位菲尔兹奖、2位图灵奖获得者，还有167位美国科学委员会学部委员、252位美国院士。

专业聚焦

哥特式建筑风格

华盛顿大学几乎所有主校园的建筑物都以哥特式建筑风格为主,中央广场铺满红砖。正对广场的图书馆是典型的哥特式建筑:众多拱门镶嵌人物雕塑,门柱与窗框上都雕有精美的花纹。

优势专业

政治与国际研究、英语语言与文学、经济学、数学、物理学、现代语言学、社会学、历史学、统计和运筹学、地球与海洋科学。

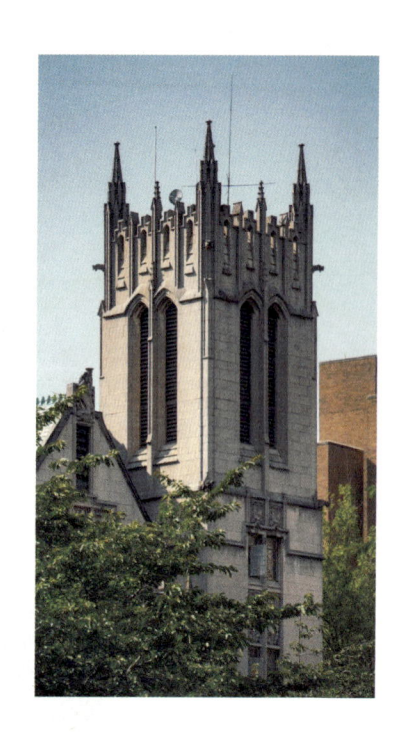

入学要求

本科申请

申请者需要提供高中成绩单以及TOEFL或IELTS成绩。

硕士申请

申请者需要提供本科毕业证、学士学位证、TOEFL或IELTS成绩,部分专业有其他考试成绩要求。

伊利诺伊大学厄巴纳-香槟分校

University of Illinois Urbana-Champaign

校训：Learning and Labor （求知实践）

学校信息

- **学校简称**：UIUC
- **建校时间**：1867 年
- **学校性质**：公立研究型
- **学校特色**：美国公立大学三巨头之一
- **地理位置**：美国伊利诺伊州厄巴纳-香槟市

历史沿革

1867 年：前身伊利诺伊工业大学建立

1885 年：学校改名为伊利诺伊大学

1965 年：搬迁至芝加哥市中心，成为芝加哥环区分校

1995 年：位于斯普林菲尔德的州立桑格蒙大学成为大学的第三所分校——斯普林菲尔德分校

第 61—80 名

文化长廊

知名校友

- **钱崇澍**：中国科学院院士，中国科学院植物研究所研究员、原所长，曾主持《中国植物志》的编撰工作。
- **杰克·基尔比（Jack Kilby）**：集成电路的两位发明者之一，2000年获诺贝尔物理学奖。

名校风采

艺术品学校

伊利诺伊大学厄巴纳-香槟分校，也常被直接称作伊利诺伊大学，现设有17个学院，300多个课程及专业项目。占地面积约635万平方米，共有建筑物286栋，位于厄巴纳市-香槟市组成的双子城。大学以风景优美、富于艺术感的建筑及地标闻名，校园本身就似一件艺术品。2007年T.A.盖恩斯（T.A. Gaines）出版的《艺术校园》一书中，将伊利诺伊大学选为世界50所艺术校园之一。

他乡亦是家乡

UIUC拥有众多中国学生，占学生总数的比例约为12.9%，因此这里的生活方式与中国的生活方式非常相似，适应起来更加轻松。对于即将留学的同学来说，这是一个不错的选择。

专业聚焦

强势学科

UIUC拥有众多强势学科，其工程学院始终位列美国大学工程学院前5，几乎所有工程专业均在全美排名前10，电气、计算机、土木、材料、农业、环境、机械等专业排名全美前5。

商学院也具有极强实力，其会计、金融等专业为全美一流水平，会计专业位列全美第二。

入学要求

本科申请

申请者需要提供高中毕业证、TOEFL成绩、ACT或SAT成绩。

硕士申请

申请者需要提供本科毕业证、学士学位证、大学成绩单、TOEFL或IELTS成绩。

香港理工大学
The Hong Kong Polytechnic University

校训：开物成务，励学利民

学校信息

- 学校简称：PolyU
- 建校时间：1937 年
- 学校性质：公立研究型
- 学校特色：京港大学联盟成员、中俄工科大学联盟成员
- 地理位置：中国香港

历史沿革

- **1937 年**：香港官立高级工业学院成立
- **1947 年**：更名为香港工业专门学院
- **1972 年**：成立香港理工学院
- **1994 年**：学校更名为香港理工大学

文化长廊

知名校友

▷ 王家卫：影视导演、编剧、制片人，代表作有《繁花》《阿飞正传》等。

名校风采

PolyU 是香港最重要的研究型大学之一，在学术水平及国际学术认可度方面都享有盛誉。它的地理位置很好，毗邻红磡站，去哪儿都方便，离尖沙咀、旺角、海港城、中环等商业区也不远。走几步路就能看到海，夏天晚上吹着海风非常惬意。香港也不只有高楼大厦和繁华市井，还有亚洲顶级的山海风光，是徒步爱好者的天堂，各种山径、渔村都是放松的好去处。

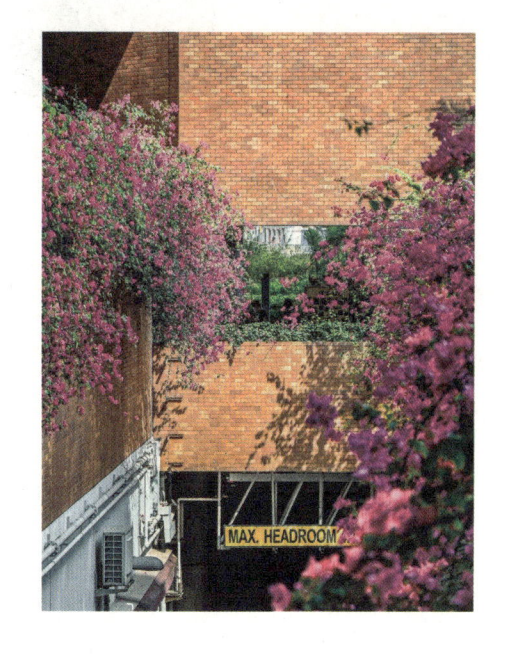

专业聚焦

优势专业

工程：机械工程、电子工程、计算机工程、航空航天工程、环境工程、土木工程、生物医学工程等。

科学：物理学、化学、生物学、地理学、数学、统计学等。

商科：会计学、金融学、管理学、市场营销学、经济学等。

人文社会科学：历史学、政治学、社会学、心理学、新闻传播学、法学等。

计算机科学：计算机科学、软件工程、人工智能、网络安全等。

艺术：视觉艺术、表演艺术、音乐艺术、设计艺术等。

马来亚大学
Universiti Malaya

校训：Ilmu Puncha Kemajuan （知识乃成功之本）

学校信息

- 学校简称：UM
- 建校时间：1905 年
- 学校性质：公立研究型
- 学校特色：环太平洋大学联盟成员、亚洲大学联盟成员
- 地理位置：马来西亚吉隆坡市

历史沿革

1905 年： 前身爱德华七世国王医学院成立

1929 年： 莱佛士学院成立

1949 年： 上述两者合并成立马来亚大学

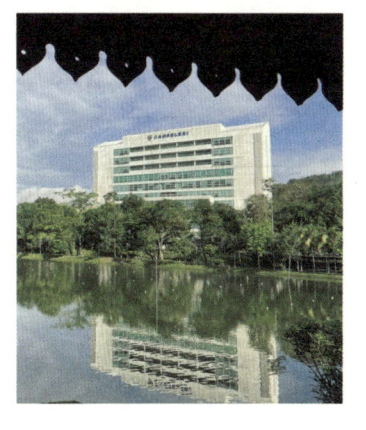

1956 年： 在新加坡和吉隆坡分别设立了两所分院

1962 年： 马来亚大学正式成立

文化长廊

知名校友

▶ 阿卜杜拉·艾哈迈德·巴达维（Abd ullah Ahmad Badwi）：第五任马来西亚总理，毕业于马来亚大学。

名校风采

最有性价比的大学之一

UM是马来西亚首屈一指的大学，是亚洲大学联盟、环太平洋大学联盟、"21世纪海上丝绸之路"大学联盟、英联邦大学协会成员之一。它在2024 QS世界大学排名中排名第65位，在2024 QS亚洲大学排名中排名第11位。

UM学制短，毕业快，学费低。另外，对于留学生来说语言是一个大关，但申请UM本科没有语言要求，可以拿到录取通知书后再参加语言考试。

专业聚焦

优势专业

会计学、教育学、医学、药学、经济学、管理学、法学、建筑学、工程学、艺术、马来语。

入学要求

本科申请

申请者需要提供高中毕业证、高中成绩单、IELTS成绩。

硕士申请

申请者需要提供本科毕业证、学士学位证、大学成绩单以及IELTS成绩。

第61—80名

华威大学
The University of Warwick

校训：Mens agitat molem （才德驱动万物）

学校信息

学校简称：UoW

建校时间：1965 年

学校性质：公立研究型

学校特色：罗素大学集团成员、欧洲大学协会成员

地理位置：英国英格兰考文垂市

历史沿革

1961 年： 英国政府正式批准建立华威大学

1965 年： 正式招收了第一批本科生

2006 年： 华威医学院在考文垂成立了大学医院

1979 年： 学校整合了考文垂教育学院

2015 年： 华威大学启用全新 LOGO

文化长廊

科技前沿

华威大学是罗素大学集团、米德兰兹创新联盟、平板玻璃大学、欧洲大学协会、英联邦大学协会、全球大学高研院联盟、中英大学工程教育与研究联盟成员。华威大学的商学院在商界享有口碑。

知名校友

- 奥利弗·哈特（Oliver Hart）：世界经济计量学会、美国人文与科学院院士，英国科学院院士，不完全合约理论的开创者之一，诺贝尔经济学奖获得者。

名校风采

一匹黑马

UoW在工、商、政、学各界均拥有卓越的口碑，在业界与牛津、剑桥、LSE、帝国理工、UCL被视为世界九大投资银行在英的6所目标院校。和有着百年传统的名校相比，UoW是一匹黑马，建校时间不过短短60多年，就超越很多百年老牌学院，在英国主流媒体排名中，稳居英国前十名，在2024年QS世界大学排名中位居第67位。

村落中的大学

UoW位于英格兰中部的考文垂和华威这两个城市的乡村对面，离市中心有一段距离，基本上整个大学都在农村，宁静、舒适，被一些媒体描述为"英格兰最美丽的农村大学"。

专业聚焦

优势专业

UoW 的数学系和经济系常年居英国前三乃至第一。此外，传媒、戏剧、计算机科学等专业名列前茅。传媒和戏剧专业更是多次荣膺英国专业排名第一。

其他优势专业有：人文科学、工程与科技、生命科学与医学、自然科学、社会科学和管理、统计学与运筹学、英语语言文学、商学与管理、会计与金融、政治与国际研究等。

入学要求

本科申请

申请者需要先完成国际预科课程，完成后可申请进入本科。

硕士申请

申请者需要提供本科毕业证、学士学位证、大学成绩单、TOEFL 或 IELTS 成绩。

奥克兰大学
The University of Auckland

校训：Ingenio et Labore （通过天赋能力和辛勤劳动）

学校信息

学校简称： UoA

建校时间： 1883 年

学校性质： 综合研究型

学校特色： 环太平洋大学联盟成员、世界大学联盟成员

地理位置： 新西兰奥克兰市

历史沿革

1883 年： 奥克兰大学成立

2017 年： 奥克兰大学中国创新研究院在杭州成立

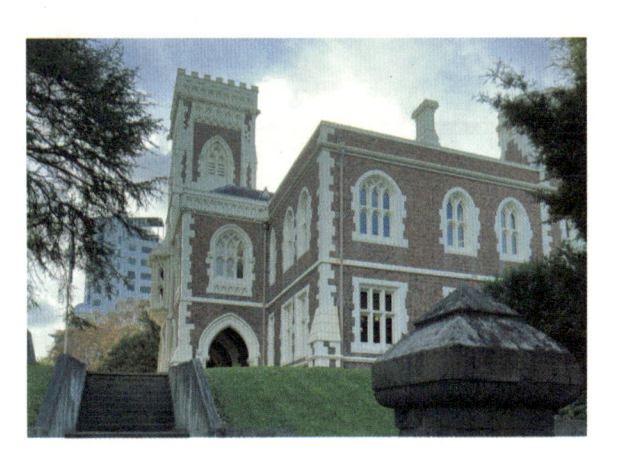

文化长廊

科技前沿

奥克兰大学重视科研和科研主导型教学，拥有庞大的科研机构，大量的员工和研究生投身基础研究和应用研究。奥克兰大学也是环太平洋大学联盟、"一带一路"国际科学组织联盟、Universitas 21、世界大学联盟成员。

知名校友

- 菲利帕·鲍恩斯（Philippa Boyens）：著名电影《指环王》《金刚》《霍比特人》的编剧，2004年因《指环王：王者归来》获得第75届奥斯卡最佳编剧奖。
- 海伦·伊丽莎白·克拉克（Helen Elizabeth Clark）：新西兰第37任总理。

名校风采

多福利大学

UoA一年制硕士具有多种优势和福利。首先，课程时间短、速度快，可以在一年内完成高质量的研究生学习。其次，对背景要求不高，大部分商科硕士课程不要求本科学术背景。硕士课程毕业后，有机会获得3年的开放式工签。

较低的留学费用

相较于英国、美国和加拿大，新西兰的读书费用适中，高中每年约15万元人民币，本科每年约20万—25万元人民币，硕士每年约25万—30万元人民币。

专业聚焦

排名全球前 50 的学科

体育、教育学、药剂学和药理学、地理、土木与结构工程学、考古学、人类学、英语语言文学。

第 61—80 名

入学要求

本科申请

申请者需要完成预科课程，成绩达到本科录取要求后才能读本科。

硕士申请

申请者若申请授课型硕士，需要具有本科学士学位；若申请研究型硕士，则需要取得研究生学位证书。此外，还需要提供 TOEFL 或 IELTS 成绩。

香港城市大学
City University of Hong Kong

校训：敬业乐群

学校信息

- **学校简称**：CityU
- **建校时间**：1984 年
- **学校性质**：公立研究型
- **学校特色**：粤港澳高校联盟成员、京港大学联盟成员
- **地理位置**：中国香港

历史沿革

1984 年：香港城市理工学院建立

1995 年：更名为香港城市大学并迁往现校址九龙塘

1997 年：在原威灵顿中学旧址设立九龙湾分校

2001 年：设立香港城市大学深圳研究院

2013 年：设立香港城市大学成都研究院

文化长廊

知名校友

▸ **卓亦谦**：中国香港导演、编剧，毕业于香港城市大学创意媒体学院。2024年，他凭借《年少日记》获得第42届香港电影金像奖最佳新晋导演、第17届亚洲电影大奖最佳新导演奖。

名校风采

环球体验

学校鼓励学生通过参与海外交流、实习工作、服务学习、暑期课程、海外学习计划、联合学位课程以及城大充满活力的校园生活，与世界连接。学校希望借此提升他们的全球知识和国际视野，并增加事业发展的机会。

专业聚焦

热门专业

会计与金融、计算机科学与信息系统、法学、语言学、材料科学、机械工程等。

巴黎-萨克雷大学
Paris-Saclay University

学校信息

学校简称：Paris-Saclay

建校时间：1200 年

学校性质：公立研究型

学校特色：欧洲研究型大学联盟成员

地理位置：法国巴黎

历史沿革

2008 年：
法国的办学模式导致法国的大学缺乏竞争力，因此总统萨科齐提出"萨克雷计划"

2014 年：
3 所大学、4 所大学校、7 个研究所组成巴黎-萨克雷大学

文化长廊

知名校友

▶ **古斯塔夫·埃菲尔（Gustave Eiffel）**：法国著名建筑大师、结构工程师、金属结构专家，因设计巴黎的标志性建筑埃菲尔铁塔而闻名于世。

名校风采

巴黎-萨克雷大学是一所于2014年12月29日在法国巴黎南郊萨克雷（Saclay）组建的一所巨型大学。巴黎-萨克雷合并了3所大学、4所大学校（grande école）与7个研究所，包括巴黎综合理工学院、巴黎高等商业研究学院、巴黎中央理工-高等电力学院和巴黎第十一大学、凡尔赛大学等。校园面积达546万平方米，有约60000名学生与10500名科研人员。巴黎-萨克雷大学筹委会主席多米尼尔·维尔（Dominique Vernay）称该大学的办学目标是世界大学学术排名前十，欧洲大陆第一。

专业聚焦

强势专业

数学、物理学、农业、电信工程、临床医学、自动化控制、统计学、生物工程、电气电子工程、机械工程。

入学要求

本科申请

申请者需要高中毕业且法语水平过关。

硕士申请

申请者需要拥有学士学位，并且提供大学成绩单、法语语言能力证明、推荐信等材料。

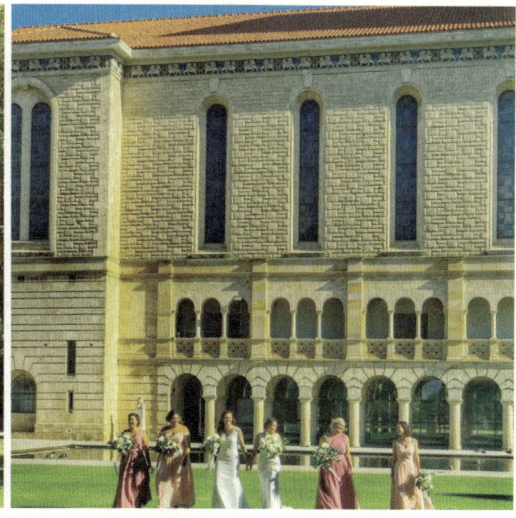

西澳大学
The University of Western Australia

校训：Seek Wisdom （寻求智慧）

学校信息

- **学校简称：** UWA
- **建校时间：** 1911 年
- **学校性质：** 公立研究型
- **学校特色：** 澳大利亚八校联盟成员、世界大学联盟成员
- **地理位置：** 澳大利亚西澳大利亚州珀斯市

历史沿革

1910 年：
约翰·温思罗普·哈克特（Sir John Winthrop Hackett）提出在西澳大利亚州建立一所大学

1911 年：
西澳大利亚州议会通过建立西澳大学的决议

1913 年：
西澳大学开始正式招收学生

1932 年：
西澳大学正式全部搬迁至今天的 Crawley 校区

文化长廊

知名校友

▸ **巴里·马歇尔（Barry Marshall）**：澳大利亚科学院院士，美国国家科学院外籍院士，中国工程院外籍院士，诺贝尔生理学或医学奖得主。

名校风采

土木优势

UWA是澳大利亚六所砂岩学府之一，澳大利亚八校联盟、世界大学联盟、全球大学高研院联盟、昂宿星大学联盟核心成员，也是澳大利亚最具历史、代表性和实力的著名顶尖研究型大学之一。UWA同时获有AACSB和EQUIS两大国际顶尖商学院认证，其土木工程专业很有优势。

砂岩建筑

UWA坐落于珀斯，珀斯拥有阳光明媚的学习环境、轻松的户外生活方式和美丽的自然风光，四季如春，连续多年被Economist Intelligence Unit（经济学人智库）评为全球最宜居的城市之一，被《国家地理》评为全球最佳旅行地之一，是澳大利亚最富原始自然景观的地方。UWA的珀斯校区融合了宏伟、漂亮的砂岩建筑和世界一流的现代设施，是澳大利亚最引人注目的花园式大学之一。

专业聚焦

优势专业

西澳大学的多个学科在众多领域排名世界前百，其中采矿工程、运动科学、地质学、地球与海洋科学、地球物理学、农业学、石油工程、心理学等学科跻身世界前50之列。

入学要求

本科申请

申请者需要高中毕业且GPA满足申请专业要求，还需要提供TOEFL或IELTS成绩。

硕士申请

申请者需要拥有学士学位，并且提供大学成绩单、TOEFL或IELTS成绩。

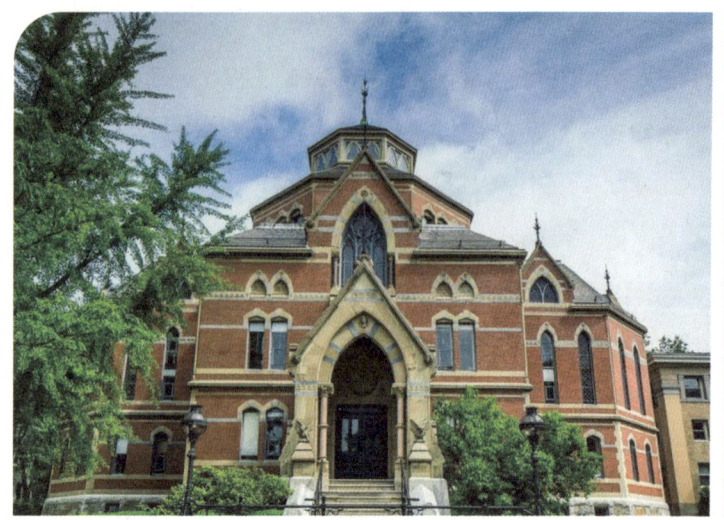

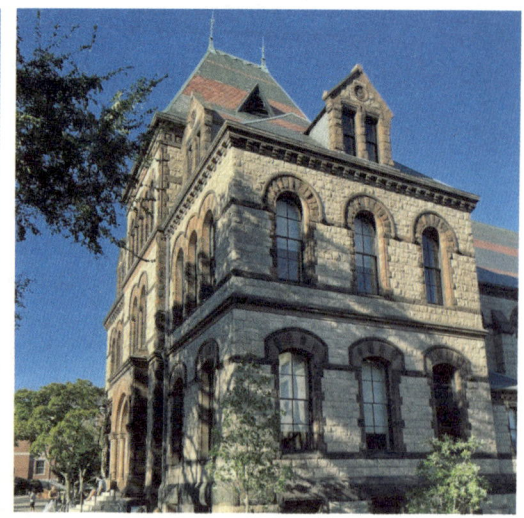

布朗大学
Brown University

校训：In God we hope （我们尊崇上帝）

学校信息

- 学校简称：Brown
- 建校时间：1764 年
- 学校性质：私立研究型
- 学校特色：常春藤联盟成员
- 地理位置：美国罗得岛州普罗维登斯市

历史沿革

1764 年：
建校时取名罗得岛学院，是个只收男生的浸礼会学校

1804 年：
接受 N. 布朗捐赠重建，改称布朗大学

1971 年：
与只收女生的彭布罗克学院合并，男女同校

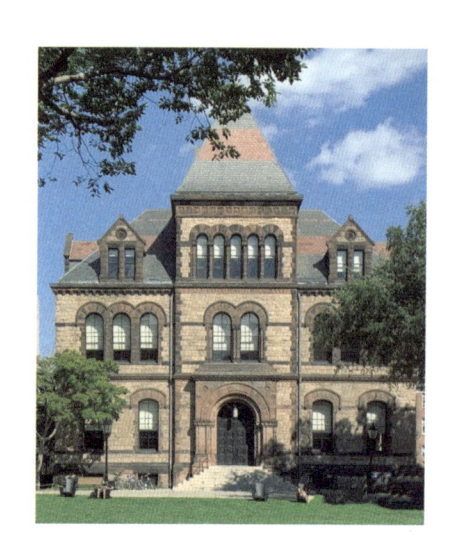

文化长廊

知名校友

▶ **小托马斯·沃森（Thomas Watson Jr.）**：IBM（国际商用机器公司）的开拓者，IBM如今成为世界计算机行业中的巨型公司之一。

名校风采

精英式教育

布朗大学是全美录取率最低的大学之一，始终保持着小而精的精英式教育。整个学校目前在校生一共只有1万人左右，对应其他顶尖名校，可能这只是一个年级的学生数量。

开放课程

布朗大学在学术上强调自由，是常春藤盟校中很有个性的一所大学。布朗大学最具特色的布朗体系课程让学生在选课方面有了很高的自由度，即"要求学生在4年内修满32门课，其中学生的专业课差不多只占一半，其余都是学生根据自己的兴趣爱好而定"。

专业聚焦

本科专业

计算机科学、宗教、应用数学是布朗大学的强项。

研究生专业

应用数学、古典文学、机械工程、比较文学、哲学、艺术史、俄语、数学、英语、西班牙语、土木工程、经济学、地质科学、计算机科学、材料科学、语言学、德语和心理学是布朗大学的优势专业。

入学要求

本科申请

申请者需要高中毕业且GPA满足申请专业要求，还需要提供TOEFL或IELTS成绩。

硕士申请

申请者需要拥有学士学位，并且提供大学成绩单、TOEFL或IELTS成绩。

KTH 瑞典皇家理工学院
KTH Royal Institute of Technology

校训：Vetenskap och Konst （科学与艺术）

学校信息

学校简称：KTH

建校时间：1827 年

学校性质：公立研究型

学校特色：北欧五校联盟成员

地理位置：瑞典斯德哥尔摩

历史沿革

1827 年：
工学院建校

1877 年：
更名为 KTH 瑞典皇家理工学院

1927 年：
建立完整的现代学术体系，开始授予博士学位

1917 年：
搬迁入 Valhallav-gen 主校区

知名校友

▸ 凯·西格巴恩（Kai Siegbahn）：物理学家，因致力于研发一种用电子检测复合材料成分和纯度的新技术而成为1981年诺贝尔物理学奖的获得者之一。

工科强势

KTH瑞典皇家理工学院拥有设施一流的物理研究中心，并不断完善其提供的各类课程以适应当前社会的新需要，特别是与新兴的信息工程和生物学相关的课程。

KTH瑞典皇家理工学院为瑞典1/3的工业生产提供工程技术教育和研究，培养了占全国1/3的理学学士和硕士工程师。

瑞典斯德哥尔摩市不仅是诺贝尔奖和爱立信、宜家、沃尔沃、利乐包装、H&M等大型跨国公司的家乡，也孕育了Skype、Spotify等新兴创新型信息产业公司。

优势专业

控制科学与工程、机械工程、电子电气工程、材料科学、建筑与建造环境、土木与结构工程、计算机科学与信息系统。

入学要求

本科申请

申请者需要高中毕业，并提供TOEFL或IELTS成绩。

硕士申请

申请者需要拥有学士学位，并且提供大学成绩单、TOEFL或IELTS成绩、推荐信、个人简历等材料。

利兹大学
University of Leeds

校训：Esse quam videri（外观莫如实质）

学校信息

- 学校简称：UoL
- 建校时间：1904 年
- 学校性质：公立研究型
- 学校特色：世界大学联盟成员、罗素大学集团成员
- 地理位置：英国英格兰利兹市

历史沿革

- 1874 年：约克郡科学院成立
- 1884 年：与利兹医学院合并为约克郡学院
- 1887 年：与欧文斯学院和利物浦大学学院组建联邦制维多利亚大学
- 1904 年：利兹大学成立

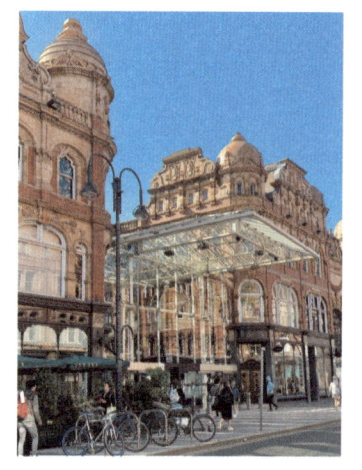

知名校友

- **黄大年**：著名地球物理学家，曾任吉林大学新兴交叉学科学部首任部长，地球探测科学与技术学院教授、博士生导师。
- **亨利·斯宾赛·摩尔（Henry Spencer Moore）**：雕塑家，20世纪世界最著名的雕塑大师之一。

独特的建筑

UoL位于享有"上帝之郡"美称的英国约克郡地区，风景优美，名胜众多。学校的建筑物展现了多种建筑风格：

哥特式风格是大学建筑群中最早的风格之一。这种建筑风格以其尖顶拱和复杂的装饰而闻名，给人一种庄严和神圣的感觉。

维多利亚风格也是利兹大学建筑群中常见的风格之一。这种风格强调对称和细节，建筑物通常有装饰性的立面、花纹和壁画，给人一种古典而华丽的感觉。

现代主义风格是利兹大学建筑群中最具代表性的风格之一。这种风格注重简洁、功能性和实用性，建筑物通常由简单的几何形状和干净的线条构成。

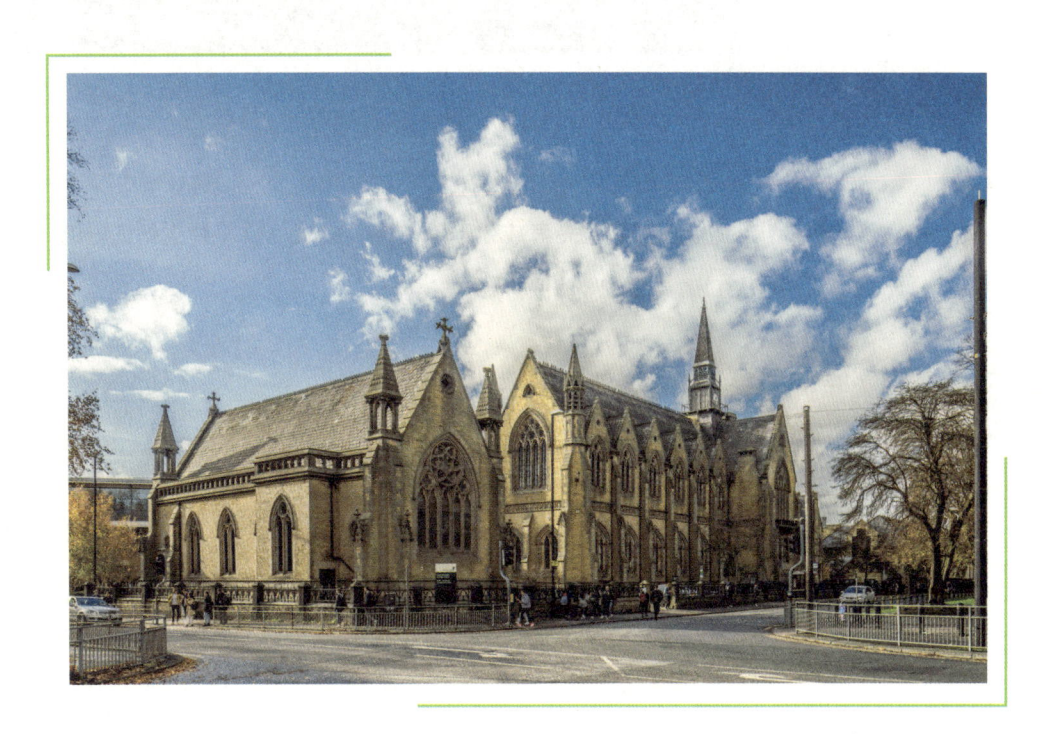

专业聚焦

强势专业

发展研究、地球与海洋科学、通信和媒体研究、地理、英语语言与文学、环境科学、护理。

入学要求

本科申请

申请者可凭高考成绩申请，高考成绩每科需要达到满分的75%以上，还需要提供TOEFL或IELTS成绩。

硕士申请

申请者需要拥有学士学位，并且提供大学成绩单、TOEFL或IELTS成绩、推荐信、个人简历等材料。

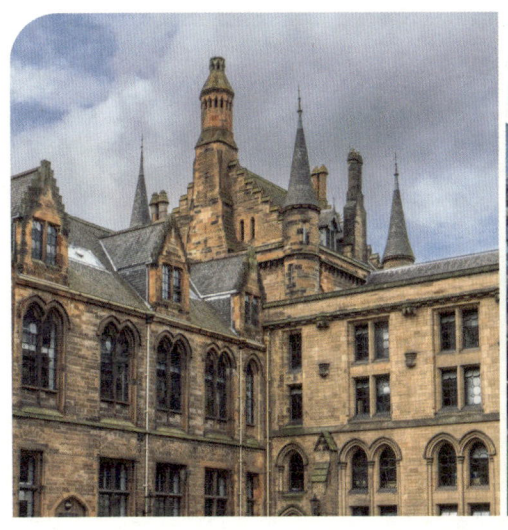

格拉斯哥大学
University of Glasgow

校训：Via Veritas Vita （道路、真理、生命）

学校信息

学校简称：UofG

建校时间：1451 年

学校性质：公立研究型

学校特色：罗素大学集团成员

地理位置：英国苏格兰格拉斯哥市

历史沿革

1451 年： 苏格兰国王詹姆士二世（King James II）建议，最终由罗马教皇尼古拉斯五世（Pope Nicholas V）创建

文化长廊　名校风采

知名校友

▸ **威廉·汤姆森（William Thomson）**：热力学温标（绝对温标）的发明人，被誉为"现代热力学之父"。

成为名片

作为古典名校之一，UofG已成为格拉斯哥市的"名片"之一。人们去格拉斯哥，可能不会去博物馆，不去看大教堂，但一定会去拜访UofG。这不仅因为大学风景美丽，更是因为UofG有这座城最值得书写的历史。

图书馆群

UofG下辖的图书馆群，是UofG的骄傲，总数超过85所，是全英国第四大综合图书馆、第三大大学图书馆（仅次于牛津大学图书馆和剑桥大学图书馆），另有4所博物馆、1个画廊，其藏品从木乃伊、恐龙骨骼、古罗马雕塑，到数十亿年前的矿石，应有尽有。这些藏品来自世界各地，堪称小型的大英博物馆。其中亨特博物馆每年吸引了无数游客慕名前来。校园里作为保护对象的建筑物就有100多座。

专业聚焦

优势专业

牙科专业：牙科专业是格拉斯哥大学的优势专业之一，世界排名前10，英国排名第1。

医学专业：医学专业在世界排名第40，英国排名第2，教学质量非常出色。

兽医专业：兽医专业在世界排名第14，英国排名第2。为学生设置的课程非常广泛，涵盖了兽医护理、兽医科学、动物学、动物行为等各个方面。

土木工程专业：土木工程专业在世界排名前20，英国排名第3。该专业是UofG和爱丁堡大学的工程学院联合授课的，学生可以获得两所顶尖学校的共同指导。

商科专业：UofG的商学院是世界顶尖商学院之一，也是世界前1%的商学院，在国际上享有卓越的声誉。

法学专业：UofG的法学专业在世界上处于非常领先的地位，其法学院也是英国最大的法律研究中心之一，培养出了英国第一位最高法院女法官、阿伯丁大学创立人等知名校友。

入学要求

本科申请

申请者可凭高考成绩申请，高考总成绩需要达到满分的80%以上；也可以凭高中成绩申请预科课程，之后再升读本科。上述方式均需要提供TOEFL或IELTS成绩。

硕士申请

申请者需要拥有学士学位，并且提供大学成绩单、TOEFL或IELTS成绩。

延世大学
Yonsei University

校训：진리, 자유（真理与自由）

学校信息

学校简称：Yonsei
建校时间：1885 年
学校性质：私立研究型
学校特色：S.K.Y. 之一、环太平洋大学联盟成员
地理位置：韩国首尔

历史沿革

1885 年：
韩国近代式医院广惠院诞生，后发展为世博兰斯医科大学

1957 年：
延禧大学和世博兰斯医科大学正式合并，组成了延世大学

文化长廊

科技前沿

生命科学：延世大学的生命科学系在癌症和干细胞治疗等领域开展了大量研究，其研究成果已被国际首屈一指的科学期刊 *Nature* 等报道。

工程技术：延世大学的机械工程系在机器人技术领域取得了重大突破，成功开发出了一种可以模仿人体姿态的人形机器人。

社会科学：延世大学的社会科学系在性别平等等领域进行了大量探索，在相关研究中涌现出多位国际知名学者。

知名校友

▸ **张元基**：三星集团大中华区总裁。

▸ **奉俊昊**：导演、编剧，代表作有《母亲》《寄生虫》《雪国列车》等，凭借《寄生虫》获得第92届奥斯卡金像奖最佳导演奖及最佳原创剧本奖等奖项。

名校风采

录取率高

作为韩国大学中历史最悠久的学校之一，Yonsei创立于1885年，追求的目标是成为韩国高等学府中最具影响力的大学、世界性的研究中心，培养能够为人类发展做出贡献、追求真实与自由的优秀人才。Yonsei与首尔大学、高丽大学并称韩国三大超一流大学（S.K.Y.），以医科、工科见长。因为是私立大学，所以录取相对容易。

电视剧的取景地

Yonsei的校园景观非常美丽，位置又在新村附近，非常繁华，因此如《请回答1994》等韩剧曾在延世大学拍摄。漫步校园，你仿佛是剧中的主人公。

第61—80名

专业聚焦

热门专业

Yonsei的医科、工科十分突出，其他的热门专业有：经济学、应用统计学、教育、社会体育、数学、物理、化学、行政学、新闻放送学、社会福利学、社会学、电气电子工学、社会环境系统工学、机器工学等。

入学要求

本科申请

申请者需要获得高中毕业证书，无明确语言要求。

硕博申请

申请者需要取得大学学士及以上学位，并提供韩语语言能力证明材料。

杜伦大学
Durham University

校训：Fundamenta eius super montibus sanctis （巍巍圣岭，乃吾基石）

学校信息

学校简称： Durham

建校时间： 1832 年

学校性质： 公立研究型

学校特色： 罗素大学集团成员、全球大学高研院联盟成员

地理位置： 英国英格兰杜伦市

历史沿革

1130 年： 杜伦城堡大部分建筑完工，日后成为大学的一部分

1832 年： 杜伦大学正式成立

1834 年： 纽卡斯尔国王学院开设医学专业，并入杜伦大学

1837 年： 杜伦城堡被正式移交给杜伦大学

第 61—80 名

文化长廊

科技前沿

英国杜伦大学的研究团队利用一个名为"宇宙学机器"的系统,对数百次角度、旋转方式及速度各异的地球-忒伊亚撞击事件进行模拟,成功地以前所未有的分辨率为这次天体大碰撞的后果建模。新的结果完全颠覆了经典的大撞击成因假说概念。

知名校友

▸ **约翰·D.巴罗(John D. Barrow)**:物理学家、著名作家,代表作有《宇宙之书》《大自然的常数》等。

名校风采

沉浸式学习

Durham所在的杜伦市,位于英格兰北部,是英国的文化名城,有坐拥千年历史的杜伦大教堂,是和牛津、剑桥一个风格的古典城市。同时,这也是一座由大学和教堂组成的城市,Durham的宿舍和教学楼遍布整个杜伦。走到哪儿都是学校,因此能让你沉浸式学习。

住在城堡

Durham是杜伦最古老的学院,也是最知名的学院,成立于1832年,常被称作"Castle"。每年有约1/5的学生的宿舍在城堡里,这是可以作为宿舍使用的联合国教科文组织承认的世界文化遗产。每周的formal(意为正式的社交活动)以及其他活动都会在城堡里举行,特别有仪式感。

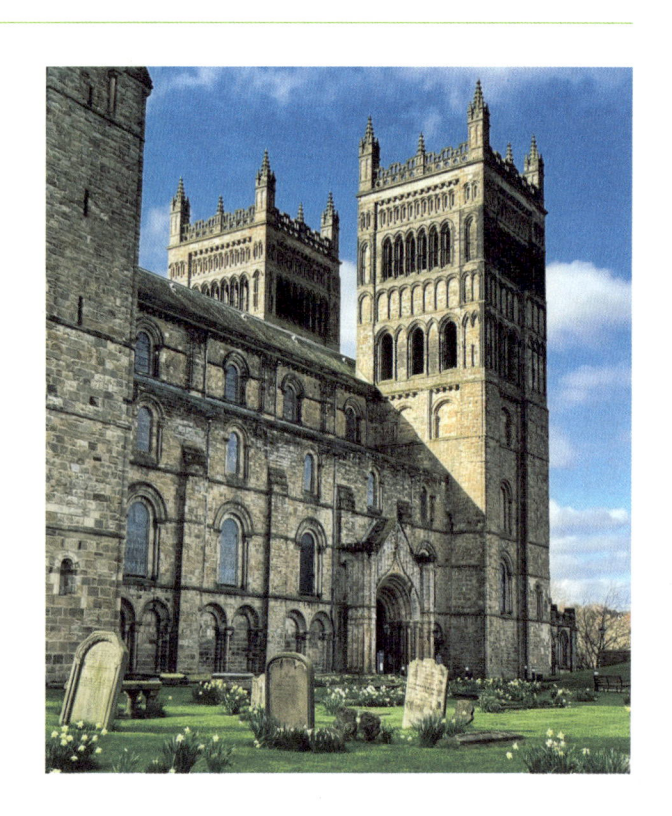

专业聚焦

强势专业

商科、法律、经济、金融、人文社科。

本科热门专业

古典与古代史、英语研究、历史、现代语言文化、音乐、哲学、神学与宗教、人类学、运动与运动科学、社会学、考古学、教育学、地理学、法律、政府与国际事务、社会科学综合荣誉、化学、计算机科学、生物科学、地球科学、工程、数学科学、自然科学、物理、心理学。

入学要求

本科申请

申请者需要提供TOEFL或IELTS成绩、高中毕业证书、高中成绩单、个人简历、推荐信等材料。

硕士申请

申请者需要提供学士学位证书或学校在读证明、TOEFL或IELTS成绩、大学成绩单、个人简历、推荐信等材料。

高丽大学
Korea University

校训：자유 , 정의 , 진리（自由、正义、真理）

学校信息

学校简称： KU

建校时间： 1905 年

学校性质： 私立研究型

学校特色： S.K.Y. 之一、环太平洋大学联盟成员

地理位置： 韩国首尔

历史沿革

1905 年： 私立普成专门学校创建

1945 年： 正式使用"高丽大学"校名

1963 年： 学校新设理工学院和韩国最早的经营学研究生院

1978 年： 建成中央图书馆新馆，是当时韩国最大的图书馆

文化长廊

知名校友

▸ **金秀贤**：韩国电视界中最具影响力的作家之一。所编作品总是以家庭为中心，相当重视韩国民族情感。

名校风采

S.K.Y. 名校之一

KU在韩国的学术和研究领域都有着广泛的声誉，是S.K.Y.三大名校之一，也是韩国BK21工程的高校、环太平洋大学联盟成员、亚太国际贸易教育暨研究联盟成员、亚太国际教育协会发起成员、Universitas 21的创始会员和大学冰球联盟成员高校。学校的整体排名也非常优秀，在2024 QS世界大学排名中排名第79位。

自由专业

KU针对那些还没有想好本科要学什么的学生开设自由专业学部。第一年主要是上韩语课和经济学、经营学、社会学、法学的一些基础课程，通过1年的学习后，学生大概就能判断自己更适合什么专业了，第二年开始系统地学习本专业的相关课程。

专业聚焦

强势专业

经济学、国际商务学、土木环境工学、政治外交学、经营学、统计学、食品资源经济学、国际学、法学等。

热门专业

法学、经营学、国际政治学、教育学、国语国文学、社会学、原子能工学、建筑工学、电子工学、化学、哲学、经济学、行政学、环境工学、统计学、历史学、韩国史学、产业工学、计算机工学等。

入学要求

本科申请

申请者需要提供TOEFL或IELTS成绩、高中毕业证书、高中成绩单。

硕士申请

申请者需要提供学士学位证书或学校在读证明、大学成绩单、韩语语言能力证明。

大阪大学
Osaka University

校训：地域に生き世界に伸びる （立足本土 延伸世界）

学校信息

- **学校简称**：阪大
- **建校时间**：1931 年
- **学校性质**：综合研究型
- **学校特色**：东亚研究型大学协会成员
- **地理位置**：日本大阪府吹田市

历史沿革

- **1838 年**：绪方洪庵设立兰学塾"适塾"
- **1931 年**：由原大阪医科大学医学部和理学部组成的大阪帝国大学建立
- **1933 年**：吸收了大阪帝国工业大学成为工学院
- **1947 年**：改称为大阪大学

第 61—80 名

文化长廊

科技前沿

2023年12月，大阪大学在一场盛大的发布会上，向全球媒体展示了其最新研发的第三台国产量子计算机。这台超导量子计算机的诞生，标志着日本在量子计算领域迈出了又一历史性的步伐。

知名校友

- **盛田昭夫**：日本著名企业家，索尼公司创始人之一，被誉为"经营之圣"。
- **手冢治虫**：日本漫画家、动画制作人、医学博士，因喜爱昆虫而取了"手冢治虫"的笔名，作品《铁臂阿童木》轰动日本。

名校风采

广袤的校园

相较于日本市区的一些大学而言，大阪大学的校园面积可谓宽广。以吹田校区为例，从一端步行至另一端大约需要25分钟，因此众多学生选择购置自行车以便上下学。校园总占地面积达到了164.6万平方米，其面积约相当于3个迪士尼乐园的总和。

浓厚的学术氛围

大阪大学作为日本最难考的大学之一，生源经过层层筛选，因此阪大的学习氛围非常浓厚，同学们对于课堂、考试和学习交流都抱着严谨的态度。除了这些，阪大还会定期召开学习会，大家在考试前聚在一起复习功课，互相激励。这种共同努力的学习模式也进一步增强了学生们的学习动力。

专业聚焦

优势专业

物理学和天文学、化学、牙科、材料科学、自然科学、生物科学、冶金工程、人类生物科学、生物医学工程、材料科学与工程、数学等。

入学要求

本科申请

申请者需要提供高中毕业证书、高中成绩单、日语语言能力证明。

硕士申请

申请者需要提供学士学位证书或学校在读证明、大学成绩单、日语语言能力证明。部分专业需要提供 TOEFL 或 IELTS 成绩。

第81—100名

都柏林圣三一大学
南安普敦大学
宾夕法尼亚州立大学
伯明翰大学
隆德大学
圣保罗大学
鲁普莱希特－卡尔斯－海德堡大学
奇·罗蒙诺索夫·瓦西里耶维
莫斯科国立米哈伊尔·
阿德莱德大学
悉尼科技大学
东京工业大学
苏黎世大学
波士顿大学
墨西哥国立自治大学
布宜诺斯艾利斯大学
圣安德鲁斯大学
佐治亚理工学院
柏林自由大学
普渡大学
浦项科技大学

都柏林圣三一大学
Trinity College Dublin

校训：It will last into endless future times （它将持续至无尽未来）

学校信息

学校简称：TCD

建校时间：1592 年

学校性质：公立大学

学校特色：欧洲研究型大学联盟成员

地理位置：爱尔兰都柏林

历史沿革

- 1592 年：女王伊丽莎白一世下令建立
- 1904 年：女性学生首次被正式录取
- 1958 年：第一位天主教徒以高级研究员的身份进入学院董事会
- 1977 年：圣三一药学部成立

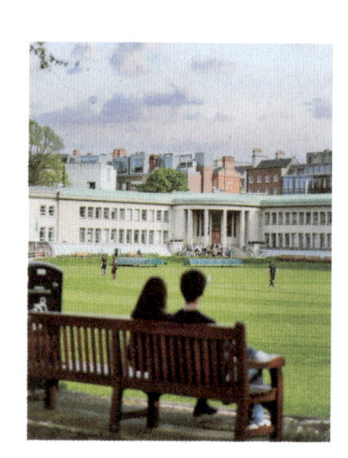

文化长廊

知名校友

▸ **奥斯卡·王尔德（Oscar Wilde）**：19世纪爱尔兰最伟大的作家与艺术家之一，提出"为艺术而艺术"的主张，反对用道德伦理支配艺术。

▸ **塞缪尔·贝克特（Samuel Beckett）**：荒诞派戏剧的重要代表人物。1969年，因"以一种新的小说与戏剧的形式，以崇高的艺术表现人类的苦恼"而获得诺贝尔文学奖。

名校风采

丰富的社团

TCD的课外生活与200多个社团、体育俱乐部和学生出版物紧密相连，其中一些学生组织历史悠久。学生社团全年定期举行文化活动、短途旅行、讲座和电影之夜等活动，为中国学生适应异国他乡的生活和学习起到了重要作用。

双学位课程

TCD与哥伦比亚大学双学位本科课程为学生提供跨越两大洲及两所世界顶级大学的国际教育体验。学生将通过该本科双学位课程拓展国际视野，同时进入大西洋两岸的两所世界知名学府学习。该课程毕业生将分别获得都柏林圣三一大学和哥伦比亚大学学位。

专业聚焦

王牌专业

商科：TCD的商学院是欧洲最优秀的商学院之一，拥有全球知名的MBA课程和商业研究项目。该学院的商业管理、市场营销、金融等课程都非常受欢迎。

工程学：提供多种工程学科的课程，包括电子工程、机械工程、土木工程等。

科学：TCD的科学实验室和研究中心在爱尔兰和国际上都有很高的声誉。

医学：TCD的医学院是爱尔兰最优秀的医学院之一，该医学院的研究成果在医学领域具有很高的影响力。

法律：TCD的法律诊所和教育中心在爱尔兰和国际上都有很高的声誉。

入学要求

本科申请

申请者需要提供高中毕业证书、高中成绩单、TOEFL或IELTS成绩。

硕士申请

申请者需要提供学士学位证书或学校在读证明、大学成绩单、TOEFL或IELTS成绩。部分专业有更高的英语要求或特别的学科要求。

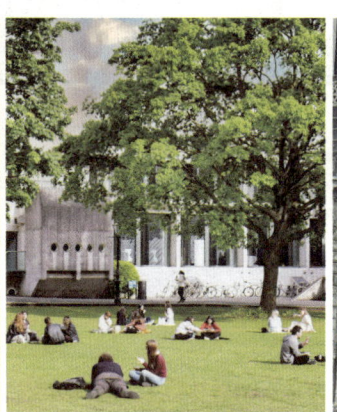

第 81—100 名

南安普敦大学
University of Southampton

校训：Strenuis Ardua Cedunt （勤出卓绝）

学校信息

学校简称：Soton

建校时间：1862 年

学校性质：公立研究型

学校特色：英国常青藤联盟成员、罗素大学集团成员

地理位置：英国英格兰南安普敦市

历史沿革

1862 年：
哈特利学院成立，用酒商哈特利的遗产创办

1902 年：
更名为哈特利大学学院

1952 年：
由英国女王伊丽莎白二世授权成为正式的南安普敦大学

文化长廊

科技前沿

南安普敦大学的纳米制造中心 Zepler Institute（光子与纳米电子研究所），是一所独特的多学科研究中心，汇集世界先进的光子、材料和纳米技术。该研究所在光子学、纳米电子学、半导体器件、光电子学等领域进行了广泛的研究，致力于推动先进技术的创新和发展。

知名校友

▸ **克里斯托弗·皮萨里德斯（Christopher A. Pissarides）**：由于在市场搜寻理论和宏观经济方面的突出贡献，成为2010年诺贝尔经济学奖的获得者之一，曾任职于南安普敦大学。

名校风采

唯一的 DNA 实验室

在英国，只有Soton的地理系拥有DNA实验室，学生可以与各领域的专家一起学习工作，利用世界一流的实验室开展研究，所有实验室皆位于一幢专门建造的生命科学大厦中。

安全第一

南安普敦是英国最安全且最友好的城市之一，地理位置优越，通往欧洲其他国家和地区的交通十分便利。学校距离伦敦坐火车不到1.5小时，乘渡轮可抵达法国和欧洲其他国家。海洋村码头经常主办国际帆船大赛。城市里还有几家电影院、两家大剧院、几个音乐厅、艺术画廊以及南部地区最大的购物中心之一。

专业聚焦

优势专业

土木工程、电气与电子工程学、音乐、犯罪学、市场营销、教育学、统计学与运筹学等。

入学要求

本科申请

申请者需要提供 TOEFL 或 IELTS 成绩、IB 成绩或 A-Level 成绩。

硕士申请

申请者需要提供学士学位证书或学校在读证明、大学成绩单、TOEFL 或 IELTS 成绩。不同等级的大学要求的 GPA 不同。

宾夕法尼亚州立大学
The Pennsylvania State University

校训：Making Life Better （使生活更美好）

学校信息

- **学校简称：** PSU
- **建校时间：** 1855 年
- **学校性质：** 公立综合研究型大学
- **学校特色：** 美国大学协会成员
- **地理位置：** 美国宾夕法尼亚州斯泰特科利奇市

历史沿革

- **1855 年：** 建立宾夕法尼亚农学院
- **1887 年：** 正式以综合学院运作
- **1953 年：** 正式定名为宾夕法尼亚州立大学
- **2020 年：** 参与成立国际大学气候联盟

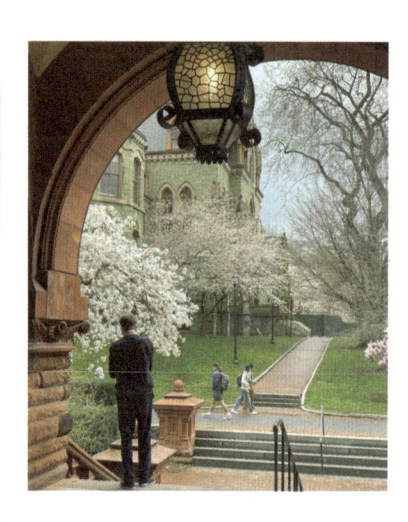

文化长廊

知名校友

- **保罗·伯格（Pawl Berg）**：诺贝尔化学奖得主，1948年获宾夕法尼亚州立大学生物化学硕士学位。

名校风采

美国东北部最好的大学

PSU 的农学院有 12 个学术项目组以及 67 个办公室，分布在宾州的每个郡，被认为是美国最大、最好的基层农业研究教育基地。

地球与矿产科学学院是 PSU 的王牌学院，有 5 名教员获得了诺贝尔奖，并有多名知名教授，比如信息可视化知名专家 Alan MacEachren 和被评为全球 25 位最知名教授之一的地球科学家 Michael E. Mann 等。

四季分明

宾夕法尼亚州的气候四季分明，风景宜人，属半湿润气候。丘陵很多，开车时忽高忽低。

夏季温度可达 30℃左右，但早晚还是有几许凉意，冬天（12月至3月）则会下雪。总体来说，宾夕法尼亚州森林茂密，水系发达，空气清新。

专业聚焦

优势专业

工程学、气象学、建筑学，地球科学、地理学、传媒学、管理学、特殊教育学、农学。

入学要求

本科申请

申请者需要提供TOEFL成绩以及SAT成绩。

硕士申请

申请者需要提供学士学位证书、大学成绩单、TOEFL成绩。

伯明翰大学
University of Birmingham

校训：Per Ardua Ad Alta （勤奋以达卓越）

学校信息

学校简称：UoB

建校时间：1900 年

学校性质：公立研究型

学校特色：红砖大学

地理位置：英国英格兰伯明翰市

历史沿革

1900 年：
伯明翰大学成为全英第一所红砖大学

1956 年：
英国最早的核子科学反应堆物理硕士课程在伯明翰大学开课

20 世纪 60 年代：
大学开始扩张，兴建了众多的建筑群，扩展了校园版图

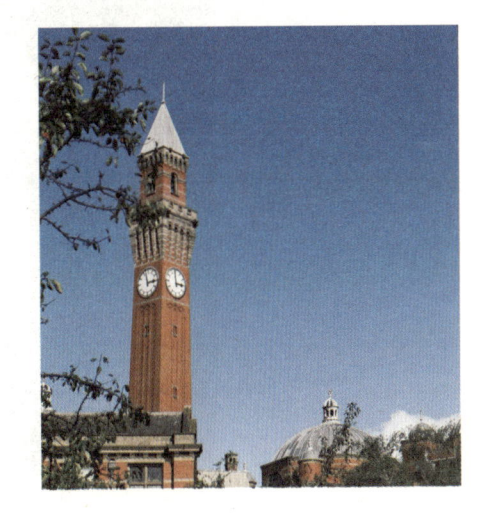

文化长廊

科技前沿

伯明翰大学的研究成果众多，如心脏起搏器和塑料心脏瓣膜的研制、维生素C的合成、英国南极考察植物学和地质学基础的奠定、利用微波为雷达和炉提供动力、过敏性疫苗的应用、人工血主要组成部分的合成、遗传学发展下动植物养殖技术的改进等。

知名校友

- **弗朗西斯·威廉·阿斯顿（Francis William Aston）**：化学家，诺贝尔化学奖获得者。
- **保罗·纳斯（Paul Nurse）**：细胞生物学家、生物化学家，中国科学院外籍院士，诺贝尔生理学或医学奖获得者。

名校风采

人文荟萃

UoB的音乐学院由爱德华·艾尔加创立，并为学院第一任教授，其珍贵手稿现藏于学校。芭伯艺术馆（Barber Institute of Fine Art）是全英最优的博物馆之一，藏有凡·高、毕加索、莫奈等众多画家的名作。学校的主图书馆藏有世界最古老的《古兰经》残稿。

专业聚焦

优势专业

牙医、医学、电子与电机工程、英语、语言研究、历史学、商学、建筑设计、物理及天文学、社会学、分子生物学等。

入学要求

本科申请

申请者可先申请预科课程，预科读完，再攻读本科；或者提供IB或A-level成绩直接申请。上述方式均需要提供TOEFL或IELTS成绩。

硕士申请

申请者需要提供学士学位证书、大学成绩单、TOEFL成绩。

隆德大学
Lund University

校训：Ad utrumque （做好两手准备）

学校信息

学校简称：LU

建校时间：1666 年

学校性质：综合研究型公立大学

学校特色：欧洲研究型大学联盟成员

地理位置：瑞典斯科耐省隆德市

历史沿革

1666 年：
瑞典王室决定创立隆德大学

18 世纪：
学校更多地关注"有用"的学科，如科学、医学和经济学

20 世纪上半叶：
学生人数开始显著增长，学校成为瑞典规模最大的大学之一

文化长廊　名校风采

知名校友

- 贝蒂尔·戈特哈德·奥林（Bertil Gotthard Ohlin）：获1977年诺贝尔经济学奖。
- 苏恩·伯格斯特龙（Sune Karl Bergström）：1982年诺贝尔生理学或医学奖得主，诺贝尔基金会前任主席。

历史底蕴

隆德大学是欧洲最古老的大学之一，其历史可以追溯到1425年毗邻隆德大教堂的方济各会学校，也是斯堪的纳维亚半岛最古老的高等教育机构之一。1658年瑞典从丹麦赢得斯科讷之后，该校于1666年正式成立。

优异成绩

隆德大学在各大主流的世界大学排名中成绩亮眼，近几年在QS世界大学排名中稳居瑞典前2名。且2024年相比于2023年，隆德大学在QS榜单上的排名有所上升。除此之外，隆德大学产生了6位诺贝尔奖得主、1位菲尔兹奖得主和2位沃尔夫奖（世界最高成就奖之一）得主。

专业聚焦

优势专业

地理学、发展研究、环境科学、环境科学与工程、护理学、市场营销、金融学、农业与林业、农学、电子电气工程、经济学、经济学与计量经济学、生态学。

入学要求

本科申请

申请者需要提供高中毕业证书、TOEFL 或 IELTS 成绩。

硕士申请

申请者需要提供学士学位证书、大学成绩单、TOEFL 或 IELTS 成绩。

第81—100名

圣保罗大学
Universidade de São Paulo

校训：PauloThrough scienceyou will win （科学乃胜利之本）

学校信息

学校简称：USP

建校时间：1934年

学校性质：公立综合型

学校特色：全球大学高研院联盟成员、国际公立大学论坛成员

地理位置：巴西圣保罗州圣保罗市

历史沿革

1934年：
为满足高等教育的需求，巴西决定在圣保罗市建立一所综合性大学

1960年：
迁往 Armando de Salles Oliveira 大学城

文化长廊　名校风采

知名校友

- **费尔南多·恩里克·卡多佐（Fernando Henrique Silva Cardoso）**：1995—2003年任巴西总统，2008年获美国国会图书馆颁发的克鲁格人文与社会科学终身成就奖。

导师分配

每位在圣保罗大学的学生都会分配到一位导师，导师们密切了解学生的性格、才能、家庭状况等，帮助每个学生应对在学习生活中遇到的挑战，指导学生做出学术生涯规划和选择。每个导师负责约4—15名学生，这有助于导师切实照顾到小组内的每一位成员。

为了艺术

从绘画到陶瓷，从电影制作到戏剧制作，从爵士乐团到大型管弦乐作品，学生们可以在校园里享受全方位的艺术环境和丰富的艺术活动。圣保罗大学里每个部门（艺术、音乐和戏剧）都有自己的专用大楼，可实现学术研究和实践之间的完全协同。

专业聚焦

优势专业

牙科、体育活动与体育学科、建筑学、艺术与设计、采矿工程学、农业与林业、现代语言学、人类学、兽医学、法学。

入学要求

本科申请

申请者需要高中毕业，并提供TOEFL或IELTS成绩。

硕士申请

申请者需要提供学士学位证书、大学成绩单、TOEFL或IELTS成绩。

第81—100名

莫斯科国立米哈伊尔·瓦西里耶维奇·罗蒙诺索夫大学

московский государственный университет имени М.В.Ломоносова

校训：Наука есть ясное познание истины, просвещение разума

（科学是对真理的清楚认识和心灵的启示）

学校信息

学校简称：莫斯科大学、莫大
建校时间：1755 年
学校性质：综合类研究型
学校特色：国际公立大学论坛成员、欧洲大学协会成员
地理位置：俄罗斯莫斯科

历史沿革

1755 年：由著名教育家 M.B. 罗蒙诺索夫倡议，沙皇亲自批准建立了莫斯科帝国大学

1812 年：拿破仑攻入莫斯科，学校被焚毁

1817 年：开始重建，并进行院系改革

1940 年：为了纪念罗蒙诺索夫，大学以他的名字命名

1917 年：十月革命之后，更名为莫斯科国立大学

文化长廊

知名校友

▸ **列夫·达维多维奇·朗道（Лев Давидович Ландау）**：1962年由于对液氦理论的研究而获得了诺贝尔物理学奖。

名校风采

科学会议

莫斯科大学的大部分学院都举办学生科学会议，会聚来自世界顶尖大学的有才华的青年。有论文摘要发表在大学研究和科学委员会上，也有优秀论文发表在俄罗斯和国际顶级科学期刊上。

"药剂师花园"

学校的植物园又称"药剂师花园"，是举办学生活动的独特场所，如展览、节日、音乐会、讲座和工作坊。这是俄罗斯最古老的植物园之一，由彼得大帝建立。无论晴雨，全校师生都可以在温室里欣赏热带兰花、食虫植物、棕榈树……或者看看俄罗斯最好的沙漠植物收藏：仙人掌、龙舌兰等。

专业聚焦

优势专业

自然科学、艺术与人文科学、社会科学与管理、工程和技术、语言学、物理学、天文学、石油和天然气、数学、现代语言、哲学。

入学要求

本科申请

申请者需要高中毕业，并提供高中成绩单、会考成绩单、俄语语言能力证明。

硕士申请

申请者需要有俄语基础，并提供学士学位证书、大学成绩单、TOEFL 或 IELTS 成绩。

鲁普莱希特－卡尔斯－海德堡大学
Ruprecht-Karls-Universität Heidelberg

校训：Semper Apertus （永远开放）

学校信息

- **学校简称：** 海德堡大学
- **建校时间：** 1386 年
- **学校性质：** 公立综合型
- **学校特色：** 德国精英大学、欧洲研究型大学联盟成员
- **地理位置：** 德国巴登－符腾堡州海德堡市

第 81—100 名

历史沿革

1386 年： 由大公鲁普莱希特一世（Ruprecht I）创建

17 世纪： "三十年战争"和法尔茨的继位战争使学校两次停办

1803 年： 成为巴登州的州立大学

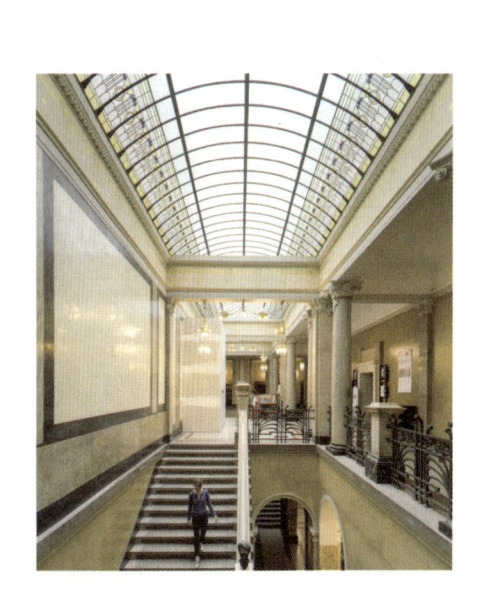

文化长廊

知名校友

▸ **马克斯·韦伯（Max Weber）**：德国社会学家、历史学家、政治学家、经济学家、哲学家，现代西方极具影响力的思想家，对西方古典管理理论的确立做出杰出贡献，是公共行政学的创始人之一，被誉为"组织理论之父"。

名校风采

享誉全球

根据近3年的各大主流世界大学排名，海德堡大学基本上稳居世界前80名，德国前3名。著名哲学家黑格尔曾任教于海德堡大学，著名物理学家、量子力学创始人之一玻恩曾求学于海德堡大学，海德堡大学更是走出过56位诺贝尔奖得主和19位莱布尼兹奖得主，享誉全球。

医学领先

海德堡医学院自海德堡大学建校以来就一直存在，拥有600余年的悠久历史。海德堡大学医院诞生过9位诺贝尔生理学或医学奖获得者。根据2023年QS世界学科排名，海德堡大学医学院排名世界第36、德国第1，是德国最好的医学院之一。

专业聚焦

优势专业

古典文学、古代史、神学与宗教研究、生物科学、考古学、物理学、天文学、医学、药学与制药科学、历史学、法律与法学研究、化学、现代语言、地球与海洋科学、地球物理学、地理学、地质学、人类学、哲学、数学、心理学。

入学要求

本科申请

申请者可凭高考成绩申请，也可以申请预科课程，上述方式均需要提供德语语言能力证明。

硕士申请

申请者需要提供学士学位证书、TOEFL 或 IELTS 成绩、德语语言能力证明。

阿德莱德大学
The University of Adelaide

校训：The light of learning under the Southern Cross

（知识之光永远闪耀在南十字星下）

学校信息

- 学校简称：阿大
- 建校时间：1874 年
- 学校性质：公立综合型
- 学校特色：澳大利亚八校联盟成员、英联邦大学协会成员
- 地理位置：澳大利亚南澳大利亚州阿德莱德市

历史沿革

1874 年：
由南澳州的农场主 Walter Highest 爵士倡议，大学创立

1881 年：
学校承认女性受教育权利

2023 年：
阿德莱德大学和南澳大利亚大学合并

科技前沿

阿德莱德大学制造了世界上第一个可放入自然环境中、经过遗传控制的有机体，发明了世界上第一个可视计算机芯片，研制了世界上第一个汽车可视电话（与摩托罗拉公司合作开发），训练了澳大利亚第一位宇航员。

知名校友

- **王鼎昌**：新加坡首任民选总统。1936年1月出生于新加坡，1955年毕业于华侨中学之后曾留学于阿德莱德大学。

五大校区

阿德莱德大学共5个校区，大部分教学和科研工作均在主校区——北台地（North Terrace）校区。怀特（Waite）校区和罗斯沃西（Roseworthy）校区分别位于主校区以南8公里和50公里处，主要从事农学的相关教学与研究。此外，澳大利亚国家葡萄酒中心（The National Wine Centre）亦隶属于阿德莱德大学，是澳大利亚酿酒与葡萄栽培的教育中心之一，大学在此开设酿酒学的相关课程，让学生在此了解澳大利亚的酿酒历史和文化。还有一个跨州校区在墨尔本。

葡萄酒

大学的国家葡萄酒中心内有关于酿酒的固定展览，游客还可以了解到酿酒工艺、葡萄酒的种类以及风格等。中心内还专门设有品尝葡萄酒的区域，使游客有机会品尝和比较澳大利亚不同产区的葡萄酒。

专业聚焦

优势专业

酿酒与食品、健康科学、生物科学、物理科学、信息技术与电信、环境科学、会计与金融、社会科学。

入学要求

本科申请

申请者可凭高考成绩申请，还需要提供TOEFL或IELTS成绩。

硕士申请

申请者需要提供学士学位证书、大学成绩单、TOEFL或IELTS成绩。

悉尼科技大学
University of Technology Sydney

校训：Think·Change·Do （思索·革新·创造）

学校信息

学校简称： UTS

建校时间： 1843 年

学校性质： 公立综合型

学校特色： 澳大利亚科技大学联盟成员、中澳工科大学联盟成员

地理位置： 澳大利亚新南威尔士州悉尼市

历史沿革

- 1843 年：悉尼机械学院建立
- 1882 年：更名为悉尼技术学院
- 1964 年：定名为新南威尔士理工学院
- 1988 年：正式更名为悉尼科技大学

文化长廊

知名校友

▸ **休·杰克曼（Hugh Jackman）**：澳大利亚男演员，2000年因主演动作电影《X战警》获得第27届土星奖最佳男主角奖。还主演过《金刚狼》《致命魔术》等作品。

名校风采

大学的Yura Mudang公寓位于主校区内，靠近超市和餐馆，可以观赏CBD及周边地区的全景。Yura Mudang是当地原住民语言，意为"学生生活"。

学生可以享受两个大型公共区域，与朋友一起放松，打台球、乒乓球，或下棋，看电影或听音乐。宿舍还有洗衣房、屋顶多功能厅、电影院、高清电视，每间卧室配备有线互联网。

学生可以选择单人间、两人间或六人间，所有的宿舍都配有家具，学生只需携带电脑、床单、衣服和其他个人物品。

专业聚焦

优势专业

1. 护理专业位居世界第4，全澳第1。

2. 艺术和设计专业位列世界第29位。

3. 法学院位列世界第43位。

4. 在2021软科世界一流学科排名（GRAS）中，计算机科学与工程专业排名世界第11，位列全澳第1。

5. 通信工程专业排名世界第16，全澳第1。

6. 在2023年U.S.NEWS世界大学专业排名中，人工智能专业位列世界第3。

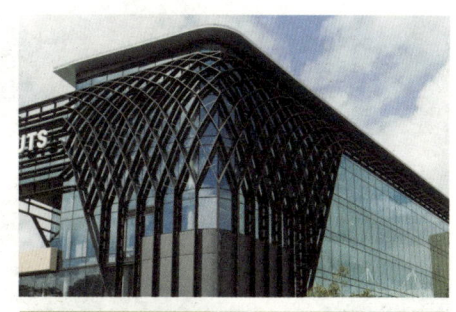

入学要求

本科申请

申请者可凭高考成绩申请，还需要提供TOEFL或IELTS成绩。

硕士申请

申请者需要提供学士学位证书、大学成绩单、TOEFL或IELTS成绩。

东京工业大学
Tokyo Institute of Technology

校训：時代を創る知・技・志・和の理工人（培养善良公正的世界通用型人才）

学校信息

- **学校简称：** 东工大（Titech）
- **建校时间：** 1881 年
- **学校性质：** 国立理工类
- **学校特色：** 东亚研究型大学协会成员、世界顶级科学研究中心计划成员
- **地理位置：** 日本东京

历史沿革

- **1881 年：** 东京职工学校设立
- **1890 年：** 更名为东京工业学校
- **1901 年：** 更名为东京高等工业学校
- **1929 年：** 更名为东京工业大学

文化长廊

科技前沿

大学于2006年4月研制出日本国内最快的超级计算机"TSUBAME"。这一系统是日本国内大学中首次由本科学生研究和创造的，并可以自由使用。

知名校友

- **白川英树**：日本化学家，毕业于东京工业大学，2000年诺贝尔化学奖获得者，主要贡献是导电高分子的研究。

名校风采

樱花树道

大学校园周围被绿色所包围，在做研究时能享受大自然和放松的氛围。如果天气晴朗，在大岗山校区还可以欣赏富士山的美景。学校本部有一条樱花树道，古老的樱花树在每年春天绽放出美丽的樱花，成为该校区著名的景观。

能源创新

东工大里有所非常著名的大楼叫作环境能源创新楼，这栋楼专门用于研究各种先进的环境能源技术（日本能源稀缺，因此一直致力于对新型能源的研究）。大楼的南面安装着密密麻麻的太阳能电池板，整栋楼的电力几乎都是靠这些电池板自给自足的，这套由在校师生研发并维护的发电系统就是东京工业大学理工科实力的一个象征。

专业聚焦

优势专业

艺术史、物理学、天文学、工程与技术、化学、材料科学、自然科学、建筑和建筑环境、工程-电气和电子、工程-机械、工程-化学、数学、统计与运筹学、工程-土木和结构。

入学要求

本科申请

申请者需要高中毕业，还需要提供日语语言能力证明。

硕士申请

申请者需要提供学士学位证书、大学成绩单、TOEFL或IELTS成绩、日语语言能力证明。

苏黎世大学
Universität Zürich

校训：Excellence and Responsibility （卓越和责任）

第 81—100 名

学校信息

- 学校简称：UZH
- 建校时间：1833 年
- 学校性质：综合研究型
- 学校特色：欧洲研究型大学联盟成员
- 地理位置：瑞士苏黎世州苏黎世

历史沿革

- **1833 年：** 苏黎世州将已有的神学院、法学院和医学院合并，与新成立的哲学院一起组成苏黎世大学
- **1855 年：** 瑞士联邦理工学院成立
- **1908 年：** 苏黎世大学和瑞士联邦理工学院合并
- **1914 年：** 学校迁至如今的所在地
- **1998 年：** 通过大学法，苏黎世大学取得自治地位

文化长廊

> **科技前沿**

苏黎世大学在分子生物学、大脑研究和人类学等领域具有开拓性的研究实力。其大学医院和兽医医院，具有一流的设施和科研实力。

> **知名校友**

- **阿尔伯特·爱因斯坦（Albert Einstein）**：世界上最著名的物理学家之一，苏黎世大学哲学博士，提出了相对论，获1921年诺贝尔物理学奖。

名校风采

> **优秀的医学**

医学类学科是UZH的强项，如牙科学、免疫学、人脑研究和分子生物科学都是瑞士大学中顶尖的专业。其中牙科学在2023年QS世界大学学科排名中位居全球第8。所属医学院是瑞士最著名的学院之一，苏黎世大学医院更是瑞士第一所教会医院，创建至今一直是瑞士医学教育与研究中心之一。

专业聚焦

> **优势学科**

免疫学：世界专业排名第25名（U.S.News）。

临床医学与健康：世界专业排名第67名（THE）。

商业与经济学：世界专业排名第33名（THE）。

社会科学：世界专业排名第59名（THE）。

入学要求

本科申请

申请者需要高中毕业并读两年大学，然后通过瑞士大专院校录取考试。

硕士申请

申请者需要本科毕业，并提供大学成绩单、TOEFL 或 IELTS 成绩、SAT 成绩。

波士顿大学
Boston University

校训：Learning, Virtue and Piety （学习、美德和敬虔）

学校信息

- **学校简称：** BU
- **建校时间：** 1839 年
- **学校性质：** 私立综合类研究型
- **学校特色：** 美国大学协会成员、爱国者联盟成员
- **地理位置：** 美国马萨诸塞州波士顿市

历史沿革

1839 年：
由美国新教长老会创建

1867 年：
波士顿大学成为首批接受女性入学的大学之一

知名校友

▸ **马丁·路德·金（Martin Luther King Jr.）**：美国黑人民权运动领袖。1963年在首都华盛顿组织集会，反对种族歧视，要求法律面前全体公民一律平等。

波士顿大学的校园闹中取静，交通便利。校园坐落在查尔斯河畔，地下铁路横穿而过，是一所拥有理想学习环境的大学。波士顿大学的中国留学生人数逐年增加。

波士顿大学设施十分先进，提供了完善的住宿环境，Warren Tower宿舍大楼为全美最大型的宿舍之一；Fitness & Recreation Center体育馆和Nickerson Field运动场是学生运动健身的好场所；Mugar图书馆、GSU学生活动中心、BU戏院、Barnes&Noble书店等均是波士顿大学引以为傲的完善设备。

开设专业

波士顿大学开设有美国研究、古希腊语、古希腊文与拉丁文、人类学、人类学与宗教、考古学、建筑学、天文学、天文与物理学、生物化学与分子生物学、生物学、行为生物学、生态与资源保护生物学、计量生物学、化学、生物化学、汉语言文学、古典文学与哲学、计算机科学、地球科学、东亚研究、经济学、经济学与数学、环境分析与政策、环境地球科学、法语及其语言学、航空航天工程、能源技术与环境工程、纳米技术工程等专业。

入学要求

本科申请

申请者需要提供高中毕业证、高中成绩单、TOEFL 或 IELTS 成绩、SAT 或 ACT 成绩。

硕士申请

申请者需要本科毕业，并提供大学成绩单、TOEFL 或 IELTS 成绩。部分专业需要提供其他考试成绩。

墨西哥国立自治大学
Universidad Nacional Autonoma de México

校训：以我血　言我魂

学校信息

- **学校简称：** 墨国大（RNAM）
- **建校时间：** 1551 年
- **学校性质：** 公立综合类
- **学校特色：** 环太平洋大学联盟成员
- **地理位置：** 墨西哥墨西哥城

历史沿革

1551 年：
西班牙国王颁发敕令，批准在墨西哥城创办一所大学

1553 年：
学校正式成立，定名为墨西哥皇家大学

1929 年：
实行自治，定名为墨西哥国立自治大学

文化长廊

依火山而建

大学城是墨西哥国立自治大学的主校区，地处佩吉格尔附近的火山岩高地之上。建造学校时，人们就地取材，用火山石建造了奥林匹克体育场的外墙和地面，火山的大部分原始面貌被保留下来，形成了一个独特的生态保护区。这个奥林匹克体育场举办过1968年奥运会、1986年世界杯足球赛。

名校风采

墨西哥国立自治大学的核心校区是20世纪建筑、工业设计、土地规划和现代艺术的独特典范，体现出吸取了墨西哥传统精髓的现代性。校园里坐落着许多著名建筑，例如韦华拉塔楼、中心图书馆和大学奥运体育馆。

专业聚焦

开设专业

墨西哥国立自治大学开设有会计与金融、法律、地理、历史、哲学与神学、电气与电子工程、兽医科学、教育学、物理学与天文学、医学与牙科、生物科学、数学与统计学、经济学与计量经济学、通用工程、政治学与国际研究（包括发展研究）、建筑学、化学工程、传播与媒体学、艺术、表演艺术与设计、机械与航空航天工程、社会学、计算机科学、地质学、环境、地球与海洋科学、语言、文学与语言学、土木工程、化学、商业与管理、农业与林业、心理学等专业。

入学要求

本科申请

申请者必须完成高中或同等学力。

硕士申请

申请者需要本科毕业，并提供大学成绩单、TOEFL或IELTS成绩。

布宜诺斯艾利斯大学
Universidad de Buenos Aires

校训：Argentum virtus robur et studium （阿根廷的美德是力量和学习）

学校信息

学校简称： UBA

建校时间： 1821 年

学校性质： 公立综合类

学校特色： 国际公立大学论坛成员

地理位置： 阿根廷布宜诺斯艾利斯

历史沿革

1821 年： 布宜诺斯艾利斯大学创立

1853 年： 改为国立大学

1929 年： 学校取得自治地位，并免收学费

知名校友

- **阿尔韦托·费尔南德斯（Alberto Fernández）**：曾任阿根廷共和国总统，是具有世界影响力的国家领袖。在他的领导下，阿根廷共和国的经济社会发展取得显著成果。他是布宜诺斯艾利斯大学的校友及教授，2022年受聘为清华大学名誉教授。

布宜诺斯艾利斯大学格外注重培养学生们的综合素质。学校拥有各种各样的社团组织，也会举办形式丰富的文化活动，如体育俱乐部、音乐节、电影节等，让学生们在学习之余也能享受丰富多彩的校园生活。

开设专业

布宜诺斯艾利斯大学开设有哲学、物理与天文学、政治学、心理学、土木建筑工程、航空工程、自动控制与系统工程、化学与生物工程、计算机工程、材料科学与工程、化学、土木与结构工程、药学、微生物学、现代语言学、分子生物学、社会研究、软件工程等专业。

入学要求

本科申请
申请者需要高中毕业或完成一年预科课程，还需要提供TOEFL或IELTS成绩。

硕士申请
申请者需要本科毕业且具备相关专业背景，还需要提供TOEFL或IELTS成绩。

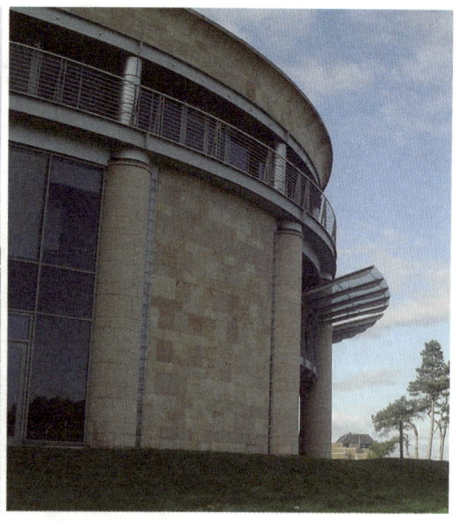

圣安德鲁斯大学
University of St Andrews

校训：Ever to Excel or Ever To Be The Best （曾经是最好的）

学校信息

- 学校简称：圣安（St And）
- 建校时间：1413 年
- 学校性质：公立综合类研究型
- 学校特色：罗素大学集团成员、苏格兰大学联盟成员
- 地理位置：英国苏格兰法夫

历史沿革

- 1413 年：圣安德鲁斯大学建立
- 1418 年：圣约翰学院设立
- 1450 年：圣萨尔瓦托学院设立
- 1511 年：圣伦纳德学院设立
- 1747 年：圣萨尔瓦托学院和圣伦纳德学院合二为一，成为新的联合学院

文化长廊

知名校友

- **詹姆士·怀特·布拉克（Sir James Whyte Black）**：苏格兰药理学家，1988年诺贝尔生理学或医学奖获得者。
- **沃尔特·霍沃思（Walter Norman Haworth）**：英国有机化学家。曾任圣安德鲁大学教授，伯明翰大学教授、副校长。1933年合成出维生素C。因对碳水化合物与维生素C的结构研究，与瑞士化学家卡勒（Paul Karrer）共获1937年诺贝尔化学奖。

名校风采

"五月跳"

圣安德鲁斯大学有一个著名的传统，便是"五月跳"。在学校教堂门口的石头路上有"PH"二字，据说如果学生不小心踩在上面，就会考试成绩不及格，从而拿不到学位。为了洗去这个霉运，学生们会在每年5月1日的凌晨，相聚在海边，等待第一缕阳光射来的时候，勇敢地冲向北海，洗去身上的霉运，保佑考试不挂科。

专业聚焦

开设专业

圣安德鲁斯大学开设有应用经济学、应用数学、社会人类学、哲学、艺术史、管理学、生物学、细胞生物学、行为生物学、生物化学、医学、化学、计算机科学、国际关系、心理学、物理学、金融经济学、统计学、电影学、地理学、古代历史、艺术史、环境生物学、海洋哺乳动物科学、神经系统科学与行为生物学、结构保护学、金融学、金融分析、国际贸易、管理学、管理及信息技术、人力资源管理、金融与管理、市场学、创意产业管理、计算机科学、人工智能、软件工程、电影学、健康地理学等专业。

入学要求

本科申请

申请者需要提交A-Level成绩，若成绩不满足入学要求需要先读预科。

硕士申请

申请者需要取得英国大学荣誉学士学位或国内优秀大学的学士学位，还需要提供IELTS成绩。

佐治亚理工学院
Georgia Institute of Technology

校训：Progress and Service （进步与服务）

学校信息

学校简称： GT

建校时间： 1885 年

学校性质： 公立理工类研究型

学校特色： 美国理工类大学三巨头之一、公立常春藤名校

地理位置： 美国佐治亚州亚特兰大市

历史沿革

1885 年： 时任佐治亚州州长签署法令创建了佐治亚技术学校

1948 年： 更名为佐治亚理工学院

文化长廊

知名校友

- **吉米·卡特（Jimmy Carter）**：1977年1月至1981年1月担任美国总统，在任期间，美国与中国建立正式外交关系。

名校风采

佐治亚理工学院以其在工程、计算机科学、商业和科学等领域的优异表现而广受赞誉。学校拥有一支优秀的教师团队，同时与工业界和科研机构建立紧密合作关系，推动科技领域的创新发展。学生们可以在先进的实验室、图书馆和研究中心中深入学习，为未来的职业道路做好充分准备。

佐治亚理工学院提供丰富的国际项目和交流机会，培养了许多具有全球视野和领导力的人才。校园生活丰富多彩，学生们可以在各种社团、活动和项目中培养领导能力和团队合作精神。

专业聚焦

开设专业

佐治亚理工学院开设有建筑学、工程管理、工业设计、城市区域规划、计算机科学、信息安全、航空航天工程、生物医学工程等专业。

入学要求

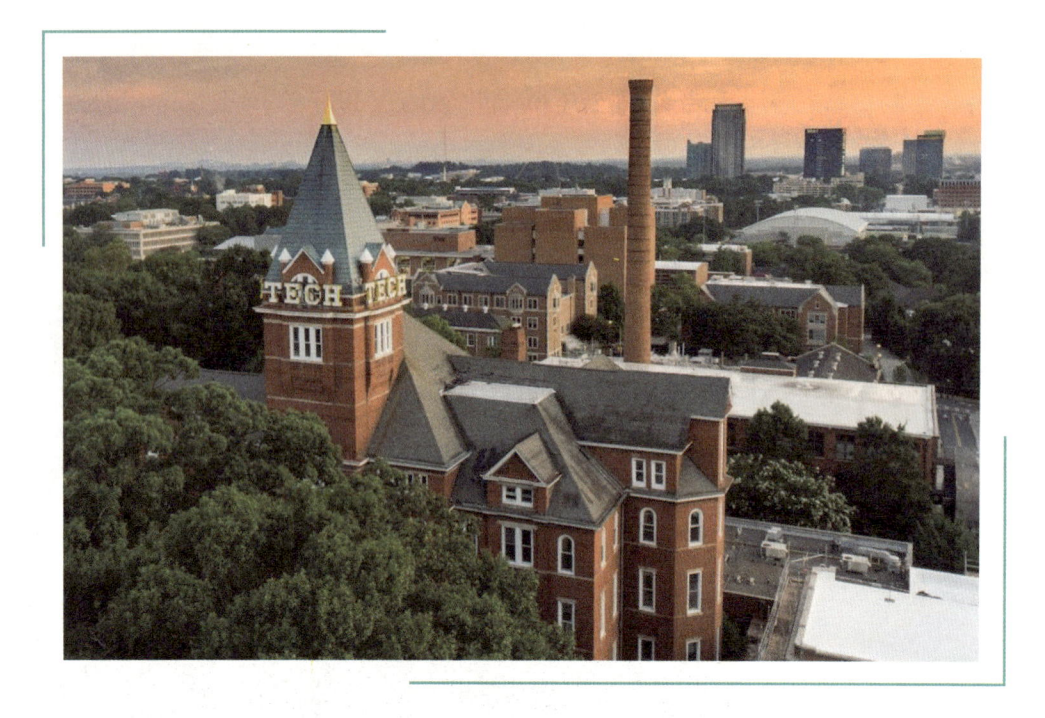

本科申请

申请者需要高中毕业并提供 TOEFL 或 IELTS 成绩。

硕士申请

申请者需要本科毕业并提供 TOEFL 或 IELTS 成绩。

柏林自由大学
Freie Universität Berlin

校训：Veritas, Iustitia, Libertas（真实、公平、自由）

学校信息

学校简称： FU Berlin

建校时间： 1948 年

学校性质： 公立综合类研究型

学校特色： 德国 U15 大学联盟、德国精英大学

地理位置： 德国柏林

第 81—100 名

历史沿革

1810 年：
柏林大学创校，校区原址位于菩提树下大街，后来在冷战期间被划入东柏林境内

1948 年：
于西柏林成立了"自由的柏林大学"，即如今的柏林自由大学

2018 年：
柏林自由大学、柏林洪堡大学、柏林工业大学和柏林夏里特医学院组成柏林大学联盟

文化长廊

国内外众多杰出人士曾获得柏林自由大学颁发的名誉博士证书：联合国前秘书长科菲·安南、诺贝尔文学奖获得者奥尔罕·帕慕克（Orhan Pamuk）和君特·格拉斯（Günter Grass）、文学批评家马塞尔·莱希-拉尼奇（Marcel Reich-Ranicki）以及作家萨尔曼·鲁西迪（Salman Rushdie）。

名校风采

柏林是德国第一大城市，历史悠久，1991年成为德国的新首都。柏林的建筑多姿多彩，蔚为壮观。人们徜徉街头，随处可见到一座座古老的大教堂、各式各样的博物馆和巍然挺立的连云高楼。既有巴洛克风格的灿烂绚丽的弗里德里希广场，也有新古典主义风格的申克尔剧院；既有富丽堂皇的宫殿，也有蜚声世界的现代建筑流派作品。这些美不胜收而又经历了历史沧桑的各具特色的建筑，使人强烈感受到柏林的古典与现代、浪漫与严谨的氛围。柏林是座文化名城，全年几乎都有文化节，常常眨眼间，街道就变成了舞台，行人变成了观众。在柏林自由大学进修的学者和学生可受益于柏林丰富的研究机构、博物馆和图书馆。柏林作为德国首都，不但是一个多元化的科学和文化名城，还在东、西欧之间架起了一座沟通的桥梁。在这里每年都举办丰富多彩的文化、体育和休闲活动。

专业聚焦

开设专业

柏林自由大学开设有医学、自然科学、社会科学和人文学、犹太研究学、戏剧学、媒体研究等专业。

入学要求

本科申请

申请者需要完成一年的预科课程并通过预科的结业考试。

硕士申请

申请者需要本科毕业并提供德语语言能力证明。

普渡大学
Purdue University

校训：Education, Research, Service （教育、研究、服务）

学校信息

学校简称：PU

建校时间：1869 年

学校性质：公立综合类

学校特色：美国大学协会成员

地理位置：美国印第安纳州西拉法叶市

历史沿革

1869 年： 正式设立普渡大学

1874 年： 学校正式开始授课

20 世纪初： 在学术、教学及设备三方面快速扩张，并逐渐成为全世界知名的理工科大学

文化长廊

知名校友

- 邓稼先：中国"两弹一星"功勋奖章获得者。中国核武器理论研究奠基人。为中国原子弹、氢弹原理的突破和试验成功及其武器化，以及新的核武器的重大原理突破和研制试验做出了杰出的贡献。1948—1950年，邓稼先在普渡大学留学，1950年获物理学博士学位。
- 查尔斯·埃里森（Charles Ellis）：美国著名的金门大桥设计者，普渡大学土木工程教授。
- 赫伯特·布朗（Herbert C. Brown）：1979年诺贝尔化学奖得主，曾任普渡大学化学系教授。

名校风采

普渡大学的建筑风格以新哥特式为主，具有浓厚的欧洲古典风格。钟楼是校内最著名的建筑物之一，高约80米，也是印第安纳州最高的钟楼。钟楼还酷似欧洲古堡，富有浪漫主义和神秘色彩，成为校园最优美的建筑之一。

专业聚焦

优势学科

航空航天工程、化学工程、土木工程、机械工程、电子工程、会计、金融、管理、市场营销、农业经济学、植物学、动物科学、教育心理学、儿童发展、教育政策等。

入学要求

本科申请

申请者需要提供高中毕业证、TOEFL 或 IELTS 成绩、SAT 或 ACT 成绩。

硕士申请

申请者需要本科毕业且具备相关专业背景,还需要提供 TOEFL 或 IELTS 成绩。部分专业需要提供其他考试成绩。

浦项科技大学
Pohang University of Science and Technology

校训： 诚实 创意 进取

第 81—100 名

学校信息

学校简称：POSTECH

建校时间：1986 年

学校性质：私立理工类研究型

学校特色：环太平洋大学联盟成员

地理位置：韩国庆尚北道浦项市

历史沿革

1986 年：
学校成立

115

文化长廊　名校风采　专业聚焦

浦项科技大学是韩国工科实力最强的大学之一，为环太平洋大学联盟、亚洲大学生集体行动交流计划成员。

钢铁城市

浦项科技大学位于韩国庆尚北道浦项市，庆尚北道是朝鲜半岛最大的道（相当于中国的"省"），是韩国最主要的产业基地。

浦项市钢铁产业极为发达，是世界最大的钢铁公司之一——浦项制铁公司的总部所在地。

强势专业

浦项科技大学是韩国工程、科技领域最高等级的研究与教育机构之一，研究领域以理工科为主，自然科学类专业和工科类专业是该校的王牌专业。近年来，浦项科技大学的工科实力在韩国综合排名一直位列前三，在亚洲范围内同样名列前茅，多个专业均受到学生和企业的高度认可。

入学要求

本科申请

申请者可凭高考成绩申请，也可先完成一年预科课程后继续读本科。上述方式均需要提供韩语语言能力证明。

硕士申请

申请者需要本科毕业且取得学士学位，还需要提供大学成绩单、TOEFL 或 IELTS 成绩、韩语语言能力证明。

第 81—100 名

第101—120名

诺丁汉大学
威斯康星大学麦迪逊分校
智利天主教大学
谢菲尔德大学
乌普萨拉大学
亚琛工业大学
哥本哈根大学
乌得勒支大学
阿尔托大学
纽卡斯尔大学
阿尔伯塔大学
滑铁卢大学
东北大学（日本）
韦仕敦大学
赫尔辛基大学
南加州大学
奥斯陆大学
斯德哥尔摩大学
卡尔斯鲁厄理工学院
柏林洪堡大学

诺丁汉大学
University of Nottingham

校训：A City is Built on Wisdom （城市建于智慧之上）

学校信息

学校简称：诺大（UoN）

建校时间：1881年

学校性质：公立综合性研究型

学校特色：罗素大学集团成员

地理位置：英国英格兰诺丁汉市

历史沿革

1881年： 学校前身诺丁汉大学学院建立

1948年： 改名为诺丁汉大学

知名校友

- **弗雷泽·斯图达特（Professor Sir Fraser Stoddart）**：英国化学家，2016年诺贝尔化学奖获得者。
- **杨福家**：中国物理学家，中国科学院院士，复旦大学前校长，宁波诺丁汉大学前校长。

诺丁汉大学内有博物馆、美术馆、电影院等各种文化场所，学生可以根据自己的兴趣和需求，选择参加相应的文化活动。学校还会不定期组织各种形式的健康活动，如健身、游泳、瑜伽等，帮助学生掌握健康生活方式。

本科专业

传媒、艺术、英语研究、历史、现代语言和文化、经济学、政治和国际关系、神学与宗教研究、土木工程、生物学、数学科学、自然科学、药理学、物理与天文学、心理学、兽医学与科学等。

研究生专业

生物学、生物医学科学、生物科学、建筑环境、工商管理、英语语言教育、化学与环境工程、化学、土木工程、临床科学、社区卫生科学、计算机科学与信息技术、现代汉语研究、经济学、教育、电气与电子工程、工程测量与空间大地测量学、英语研究、地理学等。

入学要求

本科申请

申请者可先读预科，通过考试后攻读本科。还需要提供TOEFL或IELTS成绩。

硕士申请

申请者需要本科毕业且取得学士学位，还需要提供TOEFL或IELTS成绩。部分专业需要工作经验。

威斯康星大学麦迪逊分校
University of Wisconsin–Madison

校训：Numen Lumen （神圣之光）

第 101—120 名

学校信息

- 学校简称：UW-Madison
- 建校时间：1848 年
- 学校性质：公立综合类研究型
- 学校特色：美国大学协会成员
- 地理位置：美国威斯康星州麦迪逊市

历史沿革

1848 年：
威斯康星大学在麦迪逊挂牌成立

1907 年：
该校成了继哈佛大学以后，美国第二个拥有学生活动中心的大学

文化长廊

知名校友

- **约翰·缪尔（John Muir）**：美国生态学家、"美国国家公园之父"、早期环保运动领袖，出生于英国苏格兰，后移民美国。
- **卡尔·央斯基（Karl Guthe Jansky）**：美国无线电工程师，宇宙射电的发现者。

名校风采

威斯康星大学麦迪逊分校在门多塔湖和曼诺纳湖之间，每年都被美国杂志评为最适宜居住的地方之一。学校每年都会在门多塔湖举办各项运动竞赛，也有部分学生在湖畔举办社团的相关活动。门多塔湖是所有就读于威斯康星大学麦迪逊分校的学生最美好的回忆之一。

专业聚焦

优势专业

威斯康星大学麦迪逊分校的心理学、教育学、核工程、化学工程、地理学、气象、地球科学、市场营销、社会学、药剂学、兽医学等众多专业均排名靠前。威斯康星大学麦迪逊分校的医学院、工程学院、商学院、教育学院、公共事务学院等学院都是极具实力的美国顶尖学院。

入学要求

本科申请

申请者需要提供TOEFL或IELTS成绩、SAT成绩。

硕士申请

申请者需要提供本科毕业证和学士学位证、大学成绩单、TOEFL或IELTS成绩。

智利天主教大学
Pontificia Universidad Católica de Chile

校训：in Christi lumine pro mundi vita （圣诞之光照亮世界）

第 101—120 名

学校信息

学校简称：UC

建校时间：1888 年

学校性质：私立教会综合类

学校特色：智利八所天主教大学之一

地理位置：智利圣地亚哥

历史沿革

1888 年：
根据圣地亚哥大主教马里亚诺·卡萨诺瓦 6 月 21 日的教谕而成立

文化长廊

知名校友

- 亚历杭德罗·阿拉维纳（Alejandro Aravena）：2016年普利兹克建筑奖获得者，是首位赢得普利兹克奖的智利人。
- 爱德华多·弗雷·蒙塔尔瓦（Eduardo Frei Montalva）：智利前总统。

名校风采

智利天主教大学孔子学院

2009年5月5日，智利天主教大学与南京大学合办的智利天主教大学孔子学院正式成立，这是在智利落户的第二家孔子学院。天主教大学在智利是最有名望的大学之一，长期以来一直积极对外开展人员和学术交流，和中国很多高等学府都有合作项目，并早在2005年就开设了汉语课程。如今，汉语已经成为智利天主教大学需求量最大的外语教学语种之一，孔子学院的建立将进一步促进智利的汉语教学，并能更好地推广中国文化。

专业聚焦

著名专业

数学、物理、化学、工程学、建筑学、生物学、历史、哲学、经济学、神学等。著名的研究生专业有：农业经济、城市开发、人居与环境、经济学、社会学、哲学、教育学、数学、物理、化学、神学、政治学等。

入学要求

本科申请

申请者需要高中毕业，并提供高中成绩单、TOEFL或IELTS成绩、SAT成绩。

硕士申请

申请者需要本科毕业且取得学士学位，还需要提供IELTS成绩。

谢菲尔德大学
The University of Sheffield

校训：Rerum Cognoscere Causas（探索真理，知其所以然）

第 101—120 名

学校信息

学校简称：TUoS

建校时间：1828 年

学校性质：公立综合类研究型

学校特色：罗素大学集团成员、红砖大学

地理位置：英国英格兰谢菲尔德市

历史沿革

1828 年：
谢菲尔德医学院成立

1897 年：
谢菲尔德医学院与福斯学院、谢菲尔德技术学院组成谢菲尔德大学学院

1905 年：
正式成立大学并定名为谢菲尔德大学

文化长廊

知名校友

- **王大珩**："两弹一星"元勋，中国科学院、中国工程院院士，国际宇航科学院院士，杰出的光学科学家、教育家。1941—1942年在英国谢菲尔德大学玻璃制造技术系攻读博士学位。
- **哈罗德·克罗托（Harold Kroto）**：在谢菲尔德大学取得学士学位和分子光谱学博士学位。因发现富勒烯，1996年获得诺贝尔化学奖。

名校风采

谢菲尔德大学位于英格兰第四大中心城市谢菲尔德，紧邻国家公园，是典型的城市型大学。谢菲尔德大学的学生可以选择任何自己感兴趣的学生会并加入其中，如戏剧、舞蹈、音乐、摄影与创造性写作等，学校内也有中国社团、中国学生与学者协会等举办的活动。

专业聚焦

优势学科

电子工程、计算机工程、机械工程、环境工程、土木工程、能源工程、航空航天工程。

入学要求

本科申请

申请者需要高中毕业并提供IELTS成绩。

硕士申请

申请者需要本科毕业且取得学士学位，还需要提供IELTS成绩。

乌普萨拉大学
Uppsala University

校训：Truth through God's mercy and nature（真理源自上帝的慈悲和意志）

学校信息

- **学校简称：** 乌大
- **建校时间：** 1477 年
- **学校性质：** 公立综合类研究型
- **学校特色：** 欧洲研究型大学联盟成员
- **地理位置：** 瑞典乌普萨拉市

历史沿革

1477 年：
雅各布·乌尔夫松建立了乌普萨拉大学，这是瑞典以及整个斯堪的纳维亚半岛最早的大学之一。成立以来，乌普萨拉大学经历了多次改革。如今，它已成为一所现代化的世界著名高等学府

文化长廊

知名校友

▸ **卡尔·林奈（Carl Linnaeus）**：瑞典著名的自然学者，博物学家，他创造性地用"双名命名法"对植物进行统一命名，这种方法沿用至今，所以他被誉为"现代生物科学分类命名的奠基人"。

▸ **西奥多·斯维德伯格（Theodor Svedberg）**：1926年诺贝尔化学奖得主。他专门研究胶体化学，发明了高速离心机，并用于高分散胶体物质的研究。

名校风采

历史韵味

乌普萨拉大学坐落在乌普萨拉市中心，乌普萨拉是瑞典最古老、最有历史韵味的城市之一。乌普萨拉大学内拥有美丽的人工湖和环境优雅的现代化学生宿舍。乌普萨拉大学学习设施全面，提供现代化的教学演讲厅和实验室，图书馆藏书超过525万册。校内拥有百余个运动及文化俱乐部。学生可享用室内娱乐中心、游艺室、游泳池、休息厅和由学生会提供美味的餐厅。

专业聚焦

开设专业

乌普萨拉大学开设有生物医药、传染生物学、国际健康、分子医学、应用生物学、生物信息学、生物学、化学、计算机搜索、计算机科学、地球科学、嵌入式系统、数学、分子生物学、物理学、英语、艺术类、可持续发展、种族灭绝研究、人类学、民主研究、发展研究、经济学、人机交互、信息系统、政治和国际研究、社会科学、欧洲文化、国际人道主义等专业。

入学要求

本科申请

申请者需要高中毕业,并提供高中成绩单、TOEFL或IELTS成绩。

硕士申请

申请者需要本科毕业且取得学士学位,还需要提供TOEFL或IELTS成绩。

亚琛工业大学
Rheinisch-Westfälische Technische Hochschule Aachen

校训：Thinking the Future （思考未来）

学校信息

学校简称：RWTH

建校时间：1870 年

学校性质：公立理工类研究型

学校特色：德国精英大学

地理位置：德国北莱茵－威斯特法伦州亚琛市

历史沿革

1870 年：
皇家莱茵－威斯特法伦理工学院正式开始招生

1970 年：
正式更名为亚琛工业大学

文化长廊

知名校友

▸ **彼得·德拜（Peter Joseph William Debye）**：1936年获诺贝尔化学奖。他被誉为"科学奇才"，在量子物理学、电化学、X射线分析、微波波谱学等领域做出了杰出贡献。

▸ **托马斯·苏德霍夫（Thomas Südhof）**：因发现细胞内部囊泡运输调控机制，与其他人共同获得2013年诺贝尔生理学或医学奖。

名校风采

亚琛工业大学在资金和技术力量方面一直居于德国工科类大学排行榜前列。其机械制造、计算机、电气工程等专业有着很大的优势。欧洲机电一体化研究中心、爱立信（Ericsson）德国总部、诺基亚德国分部、福特欧洲总部、三菱德国电子中心等高科技公司均设在亚琛，飞利浦、联合科技等也在亚琛建立了分部。一个仅有25万人口的小城竟然能吸引到这么多国际知名公司，不能不归功于声名显赫的亚琛工业大学。

专业聚焦

热门专业

航空工程与宇航、应用地理学、建筑学、自动化工程、汽车工程与运输、生物学、生物医学、工商管理和工程、土木工程学、材料与工艺工程、机械工程、化学、通信工程学、计算工程科学、数字媒体、经济学、电气工程等。

入学要求

本科申请

申请者需要高中毕业，并提供高中成绩单、TOEFL或IELTS成绩、ACT成绩。

硕士申请

申请者需要本科毕业且具备相关专业背景，还需要提供TOEFL或IELTS成绩。

哥本哈根大学
Københavns Universitet

校训：It beholds the celestial light （目之所及，天光妙契）

学校信息

学校简称：UCPH

建校时间：1479 年

学校性质：公立综合类研究型

学校特色：国际研究型大学联盟成员、欧洲首都大学联盟成员

地理位置：丹麦哥本哈根

历史沿革

1479 年：
哥本哈根大学成立

1537 年：
从天主教大学转变为新教大学

1970 年：
颁布校规，规定对大学实行民主化管理

文化长廊

知名校友

- **奥古斯特·克罗（August Krogh）**：因为对毛细血管在代谢方面调节机制的研究工作，获得1920年的诺贝尔生理学或医学奖。
- **安徒生（Hans Christian Andersen）**：丹麦作家。1835年开始写童话，共写160余篇。在《丑小鸭》《卖火柴的小女孩》等篇中，揭露社会的黑暗和金钱支配一切的罪恶，讽刺统治阶级的专横愚昧。

名校风采

知名交响乐团

哥本哈根大学交响乐团成立于2007年，成员除本校学生外，还包括国际交换生和外校学生。交响乐团已经在欧洲进行了相当数量的巡回演出，演奏曲目涵盖了贝多芬、勃拉姆斯、门德尔松、沃恩·威廉斯、比才、德沃夏克、鲍罗丁、拉赫玛尼诺夫、柴可夫斯基等名家的作品，也向外推广了尼尔斯·加德、卡尔·尼尔森、弗里德里希·库劳、爱德华·格里格、雨果·阿尔芬等北欧作曲家。

专业聚焦

开设专业

哥本哈根大学设有地质和地球科学、经济学、农业发展、农业经济、天文学、生物化学、数学、数理经济学、物理学、农学、食品科学、药学、国际健康、生理和神经科学、心理学、计量经济学、生物信息学、生物统计学、统计学等专业。

入学要求

本科申请

申请者需要高中毕业并提供 TOEFL 或 IELTS 成绩。对于丹麦语授课的课程，申请者需要提供丹麦语语言能力证明。

硕士申请

申请者需要本科毕业并提供 TOEFL 或 IELTS 成绩。对于丹麦语授课的课程，申请者需要提供丹麦语语言能力证明。

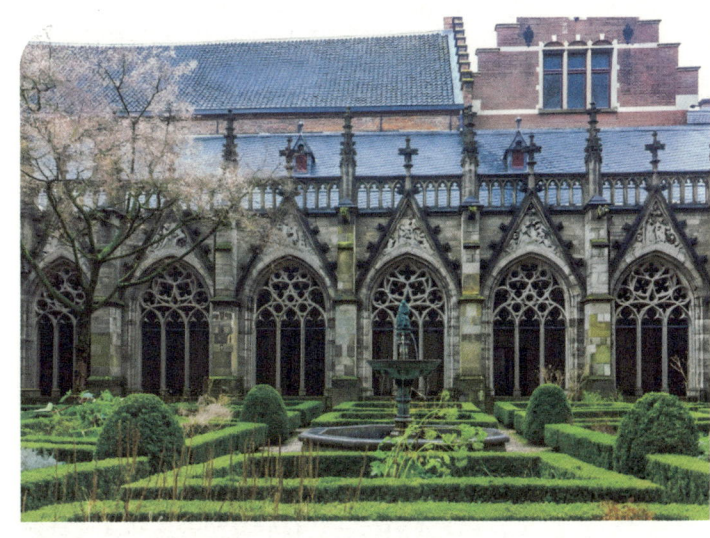

乌得勒支大学
Utrecht University

校训：Sol Iustitiae Illustra Nos （阳之正义，泽于万众）

第 101—120 名

学校信息

学校简称：UU

建校时间：1636 年

学校性质：公立综合类研究型

学校特色：欧洲研究型大学联盟成员

地理位置：荷兰乌得勒支

历史沿革

1636 年：
乌得勒支大学成立，是荷兰第四古老的大学

知名校友

- **伦琴（William Conrad Rontgen）**：物理学家，因发现X射线而于1901年获第一届诺贝尔物理学奖。
- **范托夫（Jacobus Henricus Van't Hoff）**：德国物理化学家，因在反应速度、化学平衡和渗透压力方面的研究工作而于1901年成为第一届诺贝尔化学奖获得者。

在所有学院开设的课程中，兽医学、气象学和物理海洋地质学、科学政策、一般社会科学和一般语言学、葡萄牙语、凯尔特语、现代土耳其和阿拉伯语等课程都是乌得勒支大学独家开设的。另外，乌得勒支大学的戏剧研究系和罗曼语言教学计划是荷兰高校中最大的，而地球科学院和药学院也是荷兰仅有的。

开设专业

乌得勒支大学开设有地球物理学、地质学、地球化学、社会科学、社会心理学、文化人类学、教育科学、荷兰法、公证法、国际法、管理法、公共管理、工商管理等专业。

本科申请

申请者需要高中毕业，并提供高中成绩单、ACT成绩、TOEFL或IELTS成绩。

硕士申请

申请者需要本科毕业且具备相关专业背景，还需要提供TOEFL或IELTS成绩。

阿尔托大学
Aalto University

校训：Work and Science（实践与科学）；For Useful Arts（追求有价值的艺术）

学校信息

学校简称：Aalto

建校时间：1849 年

学校性质：公立综合类研究型

学校特色：北欧五校联盟成员

地理位置：芬兰赫尔辛基

第 101—120 名

历史沿革

1849 年：
赫尔辛基理工大学建立

2010 年：
赫尔辛基理工大学、赫尔辛基艺术设计大学和赫尔辛基经济学院合并建成阿尔托大学

文化长廊

知名校友

> **阿尔瓦·阿尔托（Alvar Aalto）**：20世纪最著名的建筑师之一，他将人性化设计思想引入到现代建筑设计当中，其作品表达了对人们生活和精神需求的密切关注，他的建筑及设计作品在世界范围内都产生了深远影响。为表彰和纪念他在科技、经济及艺术领域做出的重大贡献，阿尔托大学以他为名。

名校风采

阿尔托大学拥有全新的现代化图书馆资源，主图书馆位于主校区主楼旁，图书馆同时被称为 Harald Herlin 学习中心，获得2017年芬兰建筑设计最高奖项。该名称主要是为了纪念芬兰著名的工程师和企业家 Harald Herlin。图书馆拥有现代化的设备和学习环境。阿尔托大学的图书馆资源也属于公共资源，任何市民可以在开放时间内享受高质量的学习环境和阅读体验。

专业聚焦

开设专业

阿尔托大学开设有人类学、应用数学、认知科学、生物工程学、文学、国际研究、人文学、社会学、考古研究、微生物学、免疫生物学、经济学、建筑设计、制图与建筑结构、图表分析、视觉想象、绘画设计、设计类型、色彩学、版画复制、平版印刷术、媒体数字照片、建筑学、自动化与电子工程、冷气候工程、能源技术、工程物理、环境工程、地球工程、工业工程与管理、信息网络、生命科学技术、海事工程、数学与运筹学研究等专业。

入学要求

本科申请

申请者需要高中毕业，并提供高中成绩单；或者完成一年预科课程。上述方式均需要提供 TOEFL 或 IELTS 成绩。

硕士申请

申请者需要本科毕业，并提供大学成绩单、TOEFL 或 IELTS 成绩。

纽卡斯尔大学
Newcastle University

校训：With Holiness and Wisdom（圣洁与智慧）

学校信息

- 学校简称：NCL
- 建校时间：1834 年
- 学校性质：公立综合类研究型
- 学校特色：N8 大学联盟成员
- 地理位置：英国英格兰纽卡斯尔市

第 101—120 名

历史沿革

- **1834 年：** 纽卡斯尔市建立医学院
- **1851 年：** 学校分裂成两所学院，分别是纽卡斯尔医学院和泰恩河畔纽卡斯尔医学与实用科学学院
- **1857 年：** 两所学院合并
- **1870 年：** 重新命名为杜伦医学院
- **1963 年：** 纽卡斯尔大学成立

知名校友

- **罗温·艾金森（Rowan Atkinson）**："憨豆先生"，著名喜剧明星，纽卡斯尔大学电子工程专业毕业。
- **章名涛**：中国电机工程学家，教育家，中国科学院院士，有"机电泰斗"之称。

纽卡斯尔是英国东北部的中心，也是当地文化、社交、体育、教育及商业活动的中心。市区距国际机场大约11公里，前往大学的公路交通也很方便，乘坐火车到伦敦市需3小时左右。纽城的唐人街内有多家中式店铺及中餐厅。学生还有机会接触并且使用最先进的信息技术及国际电信网络。

开设专业

人力资源管理、商务会计、药剂学、医药急救、经济农业、牙医学、应用语言学、建筑学、艺术、物理、建筑环境、东亚语言、图书馆学、教育及教师培训、电子及计算机工程、能源学、环境工程、有机工程学、法律、社会学、管理学、音乐、物理学、政治学、公共健康、结构工程学、统计学等。

本科申请

申请者需要高中毕业，并提供TOEFL或IELTS成绩。

硕士申请

申请者需要取得英国大学二等学士学位，或国内认可大学的四年制学士学位且均分达到申请专业要求。

第 101—120 名

阿尔伯塔大学
University of Alberta

校训：Whatsoever things are true （凡事求真）

学校信息

学校简称： UA

建校时间： 1908 年

学校性质： 公立综合类研究型

学校特色： 世界大学联盟成员

地理位置： 加拿大阿尔伯塔省埃德蒙顿

历史沿革

1908 年：
阿尔伯塔大学建立

1968 年：
获得 AACSB 认证，在国际商务、自然资源与能源管理、工商管理领域特色突出

知名校友

- **雷蒙德·乐米厄（Raymond Lemieux）**：首次合成蔗糖，1992年爱因斯坦科学奖得主。
- **理查德·泰勒（Richard Edward Taylor）**：因发现宇宙中最基本的粒子之———夸克而获得1990年诺贝尔物理学奖。
- **邢立达**：中国地质大学（北京）副教授，在阿尔伯塔大学取得古生物学硕士学位。2014年，他在缅甸琥珀中找到了被称为"天使之翼"和"罗斯"的两个古鸟类翅膀，这是人类第一次看到古鸟类的真面目。2017年，他又在琥珀里发现了"比龙"小鸟，这也是人类第一次近乎完整地看到9900万年前的雏鸟。

阿尔伯塔大学校园内的设施十分齐全。主校园占地89公顷，还有5000公顷校外科研用地，广阔的校区容纳了400个科研实验室，包括全加拿大最有实力的激光实验室、最前沿的扫描电子显微镜实验室之一，两套NMR设施和一些农业科研站点。大学图书馆是加拿大第二大科研图书馆，人均图书拥有量居全加拿大第一。同时，其Timms艺术中心拥有加拿大最新最好的戏剧教学设施，体育娱乐中心兼有室外与室内的多种娱乐设施。阿尔伯塔大学的体育也比较出名，尤其以排球队和冰球队较为优秀，经常拿到国家级的奖项。

专业聚焦

开设专业

阿尔伯塔大学开设有计算机科学、文化景观与数字人文、英美研究、欧洲民族学、食品化学、功能材料、地理、德国研究、历史、生命科学、语言学、数学物理、媒体传播、博物馆学等专业。

入学要求

本科申请

申请者可凭高考成绩申请，还需要提供TOEFL或IELTS成绩。

硕士申请

申请者需要本科毕业，并提供大学成绩单、TOEFL或IELTS成绩。

滑铁卢大学
University of Waterloo

校训：Concordia cum veritate （与真理共处）

学校信息

- **学校简称：** UW
- **建校时间：** 1957 年
- **学校性质：** 公立综合类研究型
- **学校特色：** 加拿大 U15 研究型大学联盟成员
- **地理位置：** 加拿大安大略省滑铁卢市

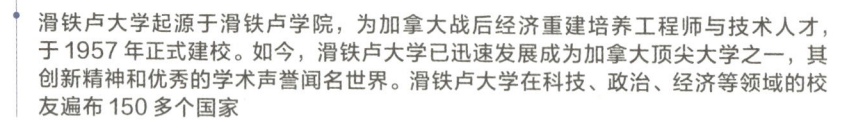

历史沿革

滑铁卢大学起源于滑铁卢学院，为加拿大战后经济重建培养工程师与技术人才，于 1957 年正式建校。如今，滑铁卢大学已迅速发展成为加拿大顶尖大学之一，其创新精神和优秀的学术声誉闻名世界。滑铁卢大学在科技、政治、经济等领域的校友遍布 150 多个国家

知名校友

- 唐娜·斯特里克兰（Donna Strickland）：物理学家，2018年诺贝尔物理学奖获得者，滑铁卢大学教授。斯特里克兰是获得诺贝尔物理学奖的第三位女性。
- 迈克·拉扎里迪斯（Mike Lazaridis）：R.I.M公司（黑莓手机生产商）联合创始人之一。

滑铁卢大学位于加拿大富庶的五大湖区，安大略省的滑铁卢市，距多伦多仅1小时车程，距尼亚加拉瀑布1.5小时车程。滑铁卢市是一个安全、友好的中等城市，为学生提供了一个良好的学习和生活环境。

开设专业

滑铁卢大学开设有财会管理、人类学、艺术事务、历史、文化管理、数码艺术通信、戏剧、精算学、应用数学、生物科技、工商管理及数学双学位、工商管理及计算机科学双学位、组合数学与最优化、计算数学、计算机科学、建筑学、化学工程、土木工程、计算机工程、电机电子工程、环境工程、地质工程、管理工程、机械工程、电子机械工程等专业。

入学要求

本科申请

申请者需要高中毕业,并提供TOEFL或IELTS成绩。

硕士申请

申请者需要本科毕业,并提供大学成绩单、TOEFL或IELTS成绩。

东北大学（日本）
Tohoku University

校训：研究第一，门户开放，实学尊重

第 101—120 名

学校信息

- **学校简称：** 东北大
- **建校时间：** 1907 年
- **学校性质：** 公立研究型
- **学校特色：** 超级国际化大学计划 A 类、环太平洋大学联盟成员
- **地理位置：** 日本宫城县仙台市

历史沿革

- **1907 年：** 创立东北帝国大学
- **1947 年：** 改名为东北大学
- **2017 年：** 被文部科学省设立为指定国立大学

文化长廊

馆藏丰富

截至2014年5月,该校图书馆共藏书400万册,并以每年9万册的速度增加。

知名校友

▸ **田中耕一**:日本科学家,2002年诺贝尔化学奖获得者。1985年,在一次工作中,田中耕一不小心把甘油倒入钴试剂中,因为觉得钴试剂挺贵,丢了可惜,决定将错就错,把测试进行到底。没想到这次测试竟然使生物大分子相互完整地分离了。根据这一现象,他发明了"软激光解吸附离子化法",获得了2002年诺贝尔化学奖。

名校风采

鲁迅

日本东北大学是鲁迅先生的母校。百余年前的1904年,鲁迅先生怀着救国救民的理想,来到东北大学的前身——仙台医学专门学校学习现代医学。在此期间,他与解剖学教授藤野严九郎结下深厚的师生友谊,并立下"以文艺改造国民精神"的远大志向。如今,川内校区东北大学附属图书馆的南门入口处,便一左一右矗立着鲁迅先生和藤野先生的雕塑。

尊重研究

东北大学有着尊重研究的传统,并且代代相传,如金属材料研究所,在创造KS合金钢的本多光太郎博士带领下,坚持不懈数十年,全所很多人获得文化勋章、文化奖、日本科学院奖、本多纪念奖等各种奖项。科学计测研究所的大型太阳炉不仅在日本,而且在世界上也非常著名。

入学要求

本科申请

申请者需要高中毕业，提供日语N1级成绩（专业不同，要求不同），提供TOEFL和IELTS成绩。

硕士申请

申请者需要本科毕业，并提供大学成绩单、TOEFL或IELTS成绩。

韦仕敦大学
Western University

校训：Veritas et utilities （真理与实用）

学校信息

- **学校简称：** UWO
- **建校时间：** 1878 年
- **学校性质：** 公立综合类研究型
- **学校特色：** 加拿大 U15 研究型大学联盟成员
- **地理位置：** 加拿大安大略省伦敦市

历史沿革

- **1878 年：** 由主教艾萨克·赫尔穆特及休伦英国圣公会主教创办
- **1923 年：** 更名为西安大略大学
- **2012 年：** 更名为韦仕敦大学

知名校友

- **爱丽丝·门罗（Alice Munro）**：2013年诺贝尔文学奖得主。她被称为"当代短篇小说大师"，其代表作品有《逃离》《快乐影子舞》《爱的进程》。

韦仕敦大学拥有超过180个学生社团，所有的社团都受大学学生会管理。社团的活动内容包含学习、宗教、文化以及其他项目。韦仕敦大学不仅有篮球社团、电竞社团、钢琴社团等诸如此类的个人兴趣爱好类社团，还有野生动物保护社团、战争儿童社团等慈善性社团，以及美洲社团、日本学生联盟、阿拉伯学生联盟等地域性的社团。

开设专业

韦仕敦大学开设有古典研究、电影研究、现代语言和文学、健康科学、食品与营养、生物健康科学、媒体和公共利益、音乐管理研究、音乐教育、音乐历史、应用数学、生物学、化学、计算机科学等专业。

入学要求

本科申请

申请者需要高中毕业,并提供高中成绩单、TOEFL或IELTS成绩。

硕士申请

申请者需要本科毕业,并提供大学成绩单、TOEFL或IELTS成绩。

赫尔辛基大学
University of Helsinki

第 101—120 名

学校信息

- 学校简称：UH
- 建校时间：1640 年
- 学校性质：公立综合类研究型
- 学校特色：欧洲研究型大学联盟成员
- 地理位置：芬兰赫尔辛基

历史沿革

1640 年：
赫尔辛基大学建立，原名为图尔库皇家学院

1828 年：
正式搬至赫尔辛基

2020 年：
与南京大学等高校正式宣布成立国际大学气候联盟

知名校友

▸ **弗兰斯·埃米尔·西兰帕（Frans Eemil Sillanp）**：芬兰最有名的作家之一，曾考入赫尔辛基大学攻读数学和生物学，后中途辍学，回到家乡投身写作。1939年获诺贝尔文学奖，获奖理由为：他在描绘两样互相影响的东西——祖国的本质，以及本国农民的生活时，表现出了深刻的了解和细腻的艺术。

芬兰只有500多万人口，但拥有20所大学，是世界上人均占有大学最多的国家之一。赫尔辛基大学是其中最大的学校，它坐落在素有"波罗的海的女儿"之称的赫尔辛基市中心。赫尔辛基大学凭借秀丽古雅的建筑、充裕的藏书、完备的专业、杰出的成就以及悠久的历史而驰名北欧。

开设专业

赫尔辛基大学开设有高等化学光谱学、环境与生物圈研究、贝氏统计学与决策分析、生物咨询学、生物科技、经济学、种族关系、文化多样性与种族融合、欧洲研究、食品科学、森林科学与商务、林业与环境工程、地理信息系统学、历史、信息与传媒科技、媒体与国际传播、神经学、植物生产科学、应用哲学、欧洲宗教根源、社会科学、空间科学、医学、工程技术、会计学、市场营销学、计算机和信息技术、心理学等专业。

本科申请

申请者需要高中毕业，并提供高中成绩单、TOEFL或IELTS成绩、SAT成绩。

硕士申请

申请者需要本科毕业且具备相关专业背景，还需要提供TOEFL或IELTS成绩。

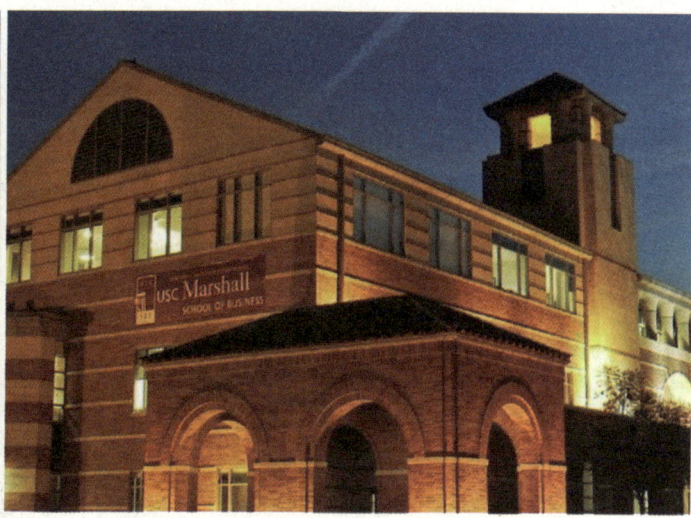

南加州大学
University of Southern California

校训：Palmam qui meruit ferat （应得之人必得荣誉）

学校信息

- **学校简称：** USC
- **建校时间：** 1880 年
- **学校性质：** 私立综合类研究型
- **学校特色：** 美国大学协会成员、环太平洋大学联盟成员
- **地理位置：** 美国加利福尼亚州洛杉矶市

第 101—120 名

历史沿革

- **1880 年：** 南加州大学成立
- **1997 年：** 主办首届环太平洋大学联盟校长级年会
- **2005 年：** 在华府成立了联邦关系办事处

文化长廊

知名校友

- 尼尔·奥尔登·阿姆斯特朗（Neil Alden Armstrong）：1969年担任阿波罗11号宇宙飞船指令长，于7月20日踏上月球，成为第一位登上月球的航天员。
- 邓丽君：中国台湾女歌手。1979年2月，赴美国南加利福尼亚大学留学，进修日文、英文、生物及数学。

名校风采

课程水平优秀

南加州大学的课程水平受到肯定，其中商、电影、传播、建筑、医学及理工等院科系在美国大学中相当知名，在美国与世界的排名上也从不缺席。南加州大学距离好莱坞十分近，拥有全球最顶尖的电影艺术学院。电影学院伴随着好莱坞的电影工业发展，造就了不少电影界的奇才。

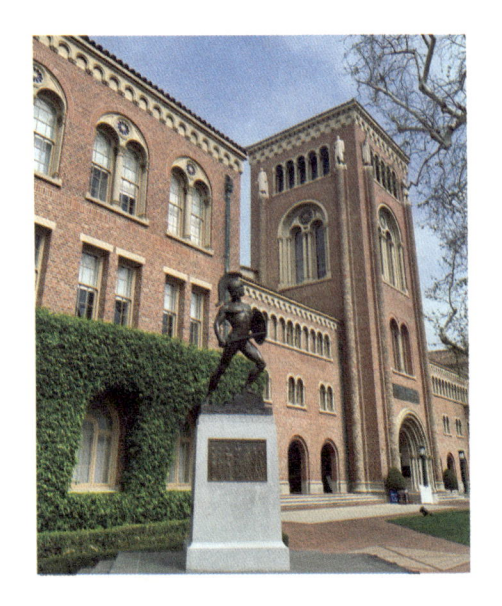

专业聚焦

开设专业

南加州大学开设有会计、经济学、金融、管理学、市场营销、组织行为学、供应链管理、创业学、商法、税法、环境法、国际法、知识产权法、教育行政、教育心理学、教育政策、教育统计学、电气工程、机械工程、计算机工程、环境工程、航空航天工程、生物医学工程、土木工程、系统工程、临床医学、公共卫生、药学、牙科、护理、社会学、心理学、政治学、历史学、社会工作、社会政策、社会心理学、社会经济等专业。

入学要求

本科申请

申请者需要高中毕业，并提供高中成绩单、TOEFL 或 IELTS 成绩、SAT 成绩。

硕士申请

申请者需要本科毕业，并提供大学成绩单、TOEFL 或 IELTS 成绩。

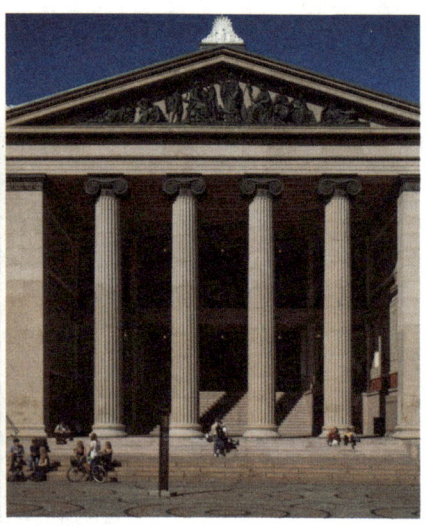

奥斯陆大学
Universitetet i Oslo

校训：et nos petimus astra （为繁星而奋斗）

学校信息

学校简称：UiO

建校时间：1811 年

学校性质：公立综合类研究型

学校特色：欧洲研究型大学联盟成员、欧洲大学协会成员

地理位置：挪威奥斯陆

历史沿革

1811 年：
学校成立，命名为皇家弗雷德里克大学

1939 年：
更名为奥斯陆大学

知名校友

- **乔斯坦·贾德（Jostein Gaarder）**：挪威当代著名作家。毕业于奥斯陆大学，主修斯堪的纳维亚语和神学。1991年出版的哲学启蒙小说《苏菲的世界》风靡世界。
- **伊瓦尔·贾埃弗（Ivar Giaever）**：担任过奥斯陆大学教授。1970年从事薄膜、隧道和超导领域的研究工作，并且最终于1973年获得了诺贝尔物理学奖。

奥斯陆大学拥有5个博物馆，分别是文化历史博物馆、自然历史博物馆、大学与科学历史博物馆、地理学博物馆和动物学博物馆。其中，自然历史博物馆建于1814年，是挪威最大的自然历史博物馆之一，旁边就是奥斯陆大学植物园。植物园风景优美，园内还坐落着奥斯陆大学的地理学博物馆和动物学博物馆。

开设专业

奥斯陆大学开设有战略分析、国际经济学、组织开发和项目管理、国际法律关系、国际营销、国际金融、贸易、生物医学、跨文化交际、临床护理学、艺术与设计教育、专业英语、国际商务交流、法语、工商管理、教育和发展、全球新闻学、发展和移民学、数字图书馆学习、社会福利与健康政策等专业。

入学要求

本科申请

申请者需要高中毕业，并提供高中成绩单、TOEFL或IELTS成绩。

硕士申请

申请者需要本科毕业，并提供大学成绩单、TOEFL或IELTS成绩。

斯德哥尔摩大学
Stockholms Universitet

学校信息

学校简称：SU

建校时间：1878 年

学校性质：公立综合类研究型

学校特色：欧洲大学协会成员、欧洲首都大学联盟成员

地理位置：瑞典斯德哥尔摩

历史沿革

1878 年：
斯德哥尔摩大学建立

1904 年：
建立授予学位制度

1960 年：
成为国立大学

知名校友

- **托马斯·特朗斯特罗姆（Tomas Tranströmer）**：瑞典著名诗人，被誉为当代欧洲诗坛杰出的象征主义和超现实主义大师。2011年获诺贝尔文学奖，获奖理由为：他用凝练、透彻的意象，为我们打开通往真相的新径。

诺奖之城

斯德哥尔摩是诺贝尔奖颁奖地，每年SU的学生都有机会参与在斯德哥尔摩市政厅举办的盛宴——诺贝尔奖颁奖典礼在这里举行。SU有5位研究人员获得过诺贝尔奖，并有数位研究人员是诺贝尔奖评委会成员。

开设专业

斯德哥尔摩大学开设有冶金学、理论物理、数学、航天物理、应用数学、植物学、动物学、微生物学、生态学、放射生物学、自然资源管理、生物化学、无机和有机化学、化学分析、经济历史、社会工作、环境心理学、民法、市场法、消费者保护法、公共法律、法律程序、金融和经济法、考古学、斯堪的纳维亚语言和文化、比较艺术史、古代文化和文明、实践哲学、文学历史等专业。

入学要求

本科申请
申请者需要高中毕业,并提供高中成绩单、TOEFL 或 IELTS 成绩。

硕士申请
申请者需要本科毕业,并提供大学成绩单、TOEFL 或 IELTS 成绩。

卡尔斯鲁厄理工学院
Karlsruher Institut für Technologie

校训：教学（Lehre），科研（Forschung），创新（Innovation）

学校信息

学校简称：KIT
建校时间：1825 年
学校性质：公立理工类
学校特色：欧洲高级工程教育和研究学校协会成员
地理位置：德国巴登－符腾堡州卡尔斯鲁厄

历史沿革

1825 年： 卡尔斯鲁厄大学建立

1900 年： 拥有博士学位授予权

1972 年： 成立德国的第一个计算机系

2006 年： 与卡尔斯鲁厄研究中心合并成立卡尔斯鲁厄理工学院

文化长廊

知名校友

▸ 卡尔·本茨（Karl Friedrich Benz）：德国工程师，汽车工业的先驱，奔驰汽车创始人，被称为"汽车之父"。卡尔·本茨于1860—1864年就读于卡尔斯鲁厄大学，1885年制造了第一辆汽车，1914年卡尔斯鲁厄大学授予他荣誉博士头衔。

名校风采

卡尔斯鲁厄理工学院主要由南北两个校区组成，南校区的前身是卡尔斯鲁厄大学，北校区的前身则是卡尔斯鲁厄研究中心，这两大机构在2006年合并成立了卡尔斯鲁厄理工学院。南校区地处卡尔斯鲁厄市中心，绝大部分学院都在这里，交通非常方便。北校区在10多公里以外的一大片树林里面，这里有很多研究所。

专业聚焦

开设专业

卡尔斯鲁厄理工学院开设有国际商贸、国际市场、建筑学、建筑环境、土木工程、建设管理、测量、地产、城市规划、设计与工业、食品健康学、体育科学、电信与网络工程、网络与多媒体工程、教育学、政治学、文学研究、传媒与艺术、社会科学等专业。

入学要求

本科申请

申请者需要高中毕业，并提供高中成绩单、TOEFL 或 IELTS 成绩。

硕士申请

申请者需要本科毕业，并提供大学成绩单、TOEFL 或 IELTS 成绩。

柏林洪堡大学
Humboldt–Universitat zu Berlin

第 101—120 名

学校信息

学校简称：洪堡大学

建校时间：1810 年

学校性质：公立大学

学校特色：德国精英大学

地理位置：德国柏林

历史沿革

1810 年：
创立大学

2019 年：
入选德国精英大学名单

文化长廊

名校风采

柏林洪堡大学的前身柏林大学成立于1810年10月,这所国家资助、男女合校的高等学府是当时的普鲁士教育大臣、德国著名学者、教育改革家威廉·冯·洪堡创办的,在成立之初共有4个传统学院,分别是:法律、医学、哲学与神学,学校共有52名教师及256位学生,而哲学院的黑格尔、法学院的萨维尼、古典语言学家奥古斯特·柏克、医学院的胡费兰及农学家特尔,则象征了当时洪堡大学各学院的精神。

第一位诺贝尔化学奖获得者就出自柏林洪堡大学,此外,物理学家爱因斯坦、普朗克,哲学家费希特、谢林、黑格尔、叔本华,神学家施莱马赫,法学家萨维尼都曾在此任教。

马克思、恩格斯都曾就读过柏林大学。其他曾在此就读过的还有欧洲议会主席舒曼、哲学家费尔巴哈、著名诗人海涅、铁血宰相俾斯麦及作家库尔特·图霍尔斯基等。

专业聚焦

开设专业

柏林洪堡大学共设有11个专业学院及各种中心和研究所,其中,医学系是欧洲规模最大的。开设的专业涵盖人文、社会、人类学、农业、医学、自然科学等领域的所有基础学科,共有224个专业,其中19个专业设有理科硕士专业,59个专业设有文科硕士专业。此外,还包括12个语种的翻译专业,其中4个是东欧语言。

入学要求

本科申请

申请者需要高中毕业参加高考被国内大学录取,并完成大学一年级课程。还需要提供TOEFL或IELTS成绩。

硕士申请

申请者需要本科毕业,并提供大学成绩单、TOEFL或IELTS成绩。若申请德语授课的课程,则需提供德语水平证明。